AV女優ちゃん
4
峰なゆか

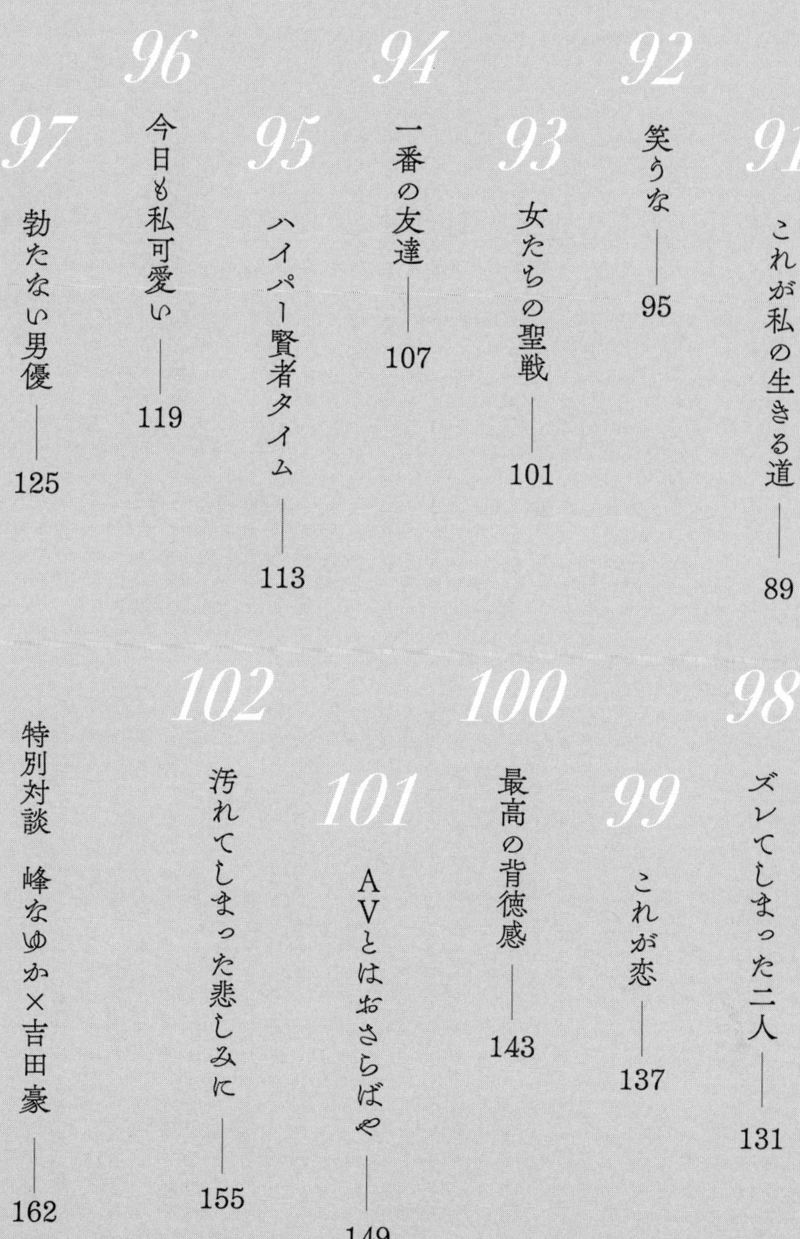

なんで⁉
そのままの君が好き
Vol. 77
前々から考えていたんですけど……
今言う⁉
初めてのドキドキ♡温泉旅行で一緒に風呂入ってるときに言うこと⁉
だってこのあとその……
就寝するわけじゃないですか
なゆかさんセ……のことばっかりで……
僕はまだそこまでの関係は……
なんだよその少女漫画の女子みたいなセリフ‼

私がこんなに男ウケよくしてたのに⁉
料理も別に普通っつーか値段なりって感じだったのに美味しい美味しいっつって食ったのに⁉
大体こんなだっせえ柄の浴衣なんて着たくねーんだよ‼
旅館と言えば硬派に旅館柄の地味な浴衣とちゃんちゃんこだろ‼
ポイ
あと『ナイトメア・ビフォア・クリスマス』なんてクリスマスシーズンのたびに男と30回くらい見てるんだよ‼
ナイトメア ビフォア クリスマス
おっ
『鬼龍院花子の生涯』があるじゃん
は？
見たことないの？
「舐めたらいかんぜよ‼」だよ⁉
見ろ‼
舐めたらいかんぜよっ‼
マネしてりる→

将棋だって手加減してやってやったのに!!
そうだったんですか!?
私が本気出したらぜってー負けねーから!!
ジャラッ
こうして
バチィ
こうだ!!
じゃらり…
将棋崩しで私の右に出るものはいない!!
プルプル

ああっ
ガッシャ
ハーハハハハハ!!
ざまあ!!
あと別れるからには言っとくけどお前は最悪のアホだ!!
私がこんなに大好きなんだから毛モジャも私のことを大好きになるに決まってんのに何考えてんだ!!
なんですかその理論……
あ
ちょっとトイレ行ってくるわ
本当に別れちゃうんだ……
いやだよ～
いやだよ～
うえぇ…
ぐいっ

もう寝る！
ズカズカ
あの「寝る」と言うのはセ……の意味ではないですよね……？
ぐーぐー
……
ぐーぐー
スースー
またお越しください～

ガタン
ゴトン…
ハー
新宿着いちゃったら最初で最後の旅行も終わりかー……
あの……
こんなときにこんなこと言うのは心苦しいのですが……
まだあんのかよ⁉
何⁉
やっぱり別れるのやめにしませんか？
なんで⁉
あとなゆかさんはいつもの服装のほうが似合うと思いますよ

Vol.78
本当にええ子
JR新宿駅
とりあえず毛モジャが今はまだセックスとかしたくないことはよくわかった
今までごめん
南口
でも私のこと嫌いじゃないってことだよね？
は
はい……
じゃあ好き？
それはまだちょっとわかり兼ねます
じゃあこれからはお互いのことをゆっくり知り合っていこ〜
そうですね
ちなみになんだけど毛モジャの本名ってなんていうの？
?
知らなかったんですね……
ヨシオです
ヨシオくん♡
LOVE

じゃあ ヨシオくん♡
ゆっくり 距離を縮める 第一歩として 手繋いでこ！
それは もしかして……
指を絡める ような形 の……？
うん！ 恋人繋ぎ だよ！
それは ちょっと急ぎ 過ぎかと……
じゃあ ニュートラルな 繋ぎ方で……
えっと それもやはり ちょっと……
あ
もう改札 ついちゃった……
あ……
あの……
なゆか さん！
これでは いかがで しょうか!?
握手ッ
ぎゅ……

というのが
初めての
ヨシオくん♡
からの肉体的
接触なんだ～！

確かに男女逆に
するとセックスを
迫るAV男優と
素人処女っつったら
鬼畜な話だよなあ

でもさあ
ヨシオくんって
性欲はない
ナリか？

いいから
はよセックス
しいや

黒ギャル
ちゃん話
聞いてた？

あの……
一応僕も
来てます
けど……

なゆゆの話を
なゆゆEYEで観た
ヨシオの図で
想像するとまだ
納得いくんだけど

なゆゆEYE

なゆかさんは
いつもの服装の
ほうが似合うと
思いますよ

でも現物は
コレなんだよ
なぁ……

リアルヨシオ

なゆかさんは
いつもの服装の
ほうが似合うと
思いますよ

のぺ……

何か？

なんでも
ない

ヨシオくんってゲイじゃないの？
え……それは違うと思います
でもオナニーはするのよね？
えっとすごくたまにします
どんなAV観るナリか？
そういうのは観ないんで……
じゃあ何で抜きよるん？
なんとなく……女体のイメージを頭に浮かべて……
なんだこいつ……
意味わからへん……
なゆゆはヨシオのどこが好きなの？
女の体のことを女体とか言うとこ……♡
なゆゆも意味わかんないナリ!!

あ
ウチ用事あんねん　もう帰るわ
現場？
おとんのお見舞い
黒ギャルちゃん縁切ってったっつーわりにお父さん想いナリね～
某総合病院
おとん～!!
チューハイ買うてきたで看護師さんくる前にはよ飲みぃ
ありがとなカンナ
俺はもうダメや
脚もないしちんぽも勃たへんし

ちんぽ勃たんなったら男はもうダメや!!
そんなことないでおとん!!
最後まであきらめたらあかん!
ウチに任せとき!!
カンナァ……
お前は本当にええ子やなぁ……
ちゅぱ…
ちゅぱ…

黒ギャルちゃん
行っちゃったし
このあと
どうする？
カラオケ
でも行く？
私歌広場の
クーポン
持ってるわよ
スチャッ
30%OFF
え〜
歌広場
けっこう
遠くない？
カラ館
目の前に
あるじゃん
歌広場の
ほうが
安いのよ!!
ナイス！
熟女さん！
Vol.
79
ストリップ
更生施設
というのも
白ギャルちゃんは
金がなかった
本当はナチュラル
ローソンの
蒸し鶏のサラダと
春雨スープ
食べたいけど
百均の謎カップ
ラーメンで
我慢しよう……
ズズズズ〜
水道水
え？
今日
カフェパ
一本だけ？
食費削ってまで
作った金で入れた
カフェドパリ1万円也
（税別）

あっくんは私で稼いだ金で
マトモな服揃えて髪型も変えて
あっくん
まだー？
GUCCI
多分ちょっと整形もして
他の客もつくようになっていた
俺ちょっと
他の卓
行ってくる
から待ってて
……
ガンコブリ
りただきました～!!
……
ワー！
姫から王子へッ!!
バターン
もっと仕事
欲しいナリ!!
もう大体の
メーカー
回っちゃった
からしばらく
ないよ
ストリップ
なら入れ
られるけど
ストリッ
プ～？
あれ割に
合わない
ナリよ～
何もしない
よりかは
多少は金の
足しには
なるでしょ
うーん……
じゃあ……

ストリップ
ヌード専門 観音劇場
アキ姐さん おはよう ございます!
ゆっこ姐さんも おはよう ございます!
白ギャル ちゃん 久しぶり~
聞いた?
今回の大トリ ストリップ 未経験の 単体女優 らしいよ
ストリップ 素人なのに 私達より ギャラも 高くて大トリ?
ふざけてる ナリ!
お……
おず…
おはよう ございます……
えーと…… お化粧は ここでして もらうのかな?
トスン
ちょっと!! そこはゆっこ 姐さんの 化粧前 ナリよ!!
すみま せん
初めてなので よく分から なくて……
え?
もしかして あんたが 大トリの 単体女優 ナリか?

は……
はい……
多分
一応……
ぽて…
新入りの席は
入り口に一番
近いあっち!!
す
すみま
せん
ゆっこ
さん
お姐さんッ!!
デブ
じゃん……
あんた
何にも
知らない
ナリね
ストリップの
世界では
一日でも早く
デビューした
人をお姐さん
って呼ぶナリよ
あ……
はい……
ゆ……
ゆっこ
お姐さん
すみません……
ゆうこ
お姐さん!!

挨拶は
一番上の
お姐さん
から!!

アキ姐さん
からナリよ！

爆乳ちゃん
最近コーヒーは
スタバがいいとか

男優はイケ男くん
じゃなきゃ
イヤだとか

CDはいつ
出るんだとか
うっとかっ
たからなー

ここで鍛え
られたら少しは
大人しくなり
そうッスね！

うん
うん

しょっぱなから
いい感じに
殺伐としてるな

爆乳ちゃん
ストリップに
飛ばして
大正解だな！

解説しよう!
ストリップの世界は現場でどれだけチヤホヤされてる有名単体女優だろうが
何年AV出てるベテラン女優だろうが
ストリップデビューした日が一番の下っ端の超上下社会!
ストリップは仕事のないAV女優の小銭稼ぎとしても使われるが
調子こいてる単体女優の鼻っ柱をへし折るための更生施設としても機能しているよ!
AV
ストリップ
単体
下
キカタン
お姉さん
下
新入り
えーとメイクさんとスタイリストさんは……?
そんなもんいないナリよ!!
全部自分で用意するナリ!!
え……
音楽も自分で用意して
振り付けも自分で考えるんですか……?
もちろんダンス未経験…

お勉強させていただきます!

Vol. 80

このセーラー服調の衣装とかがいいんじゃないナリか？
え……
これも自腹なんですか？
10日間の練習と10日間の本番の20日で50万円しかもらえないのに……？
20万円しかもらってない人
……
どうせストリップ一回も見たことないナリよね？
まずはお姉さんたちのステージ見せてもらうナリよ
見せてもらう前には「お勉強させてもらいます！」って挨拶！
お勉強させてもらいます!!
席に座る権利なんてないナリ！
一番後ろで直立不動で見るナリよ！

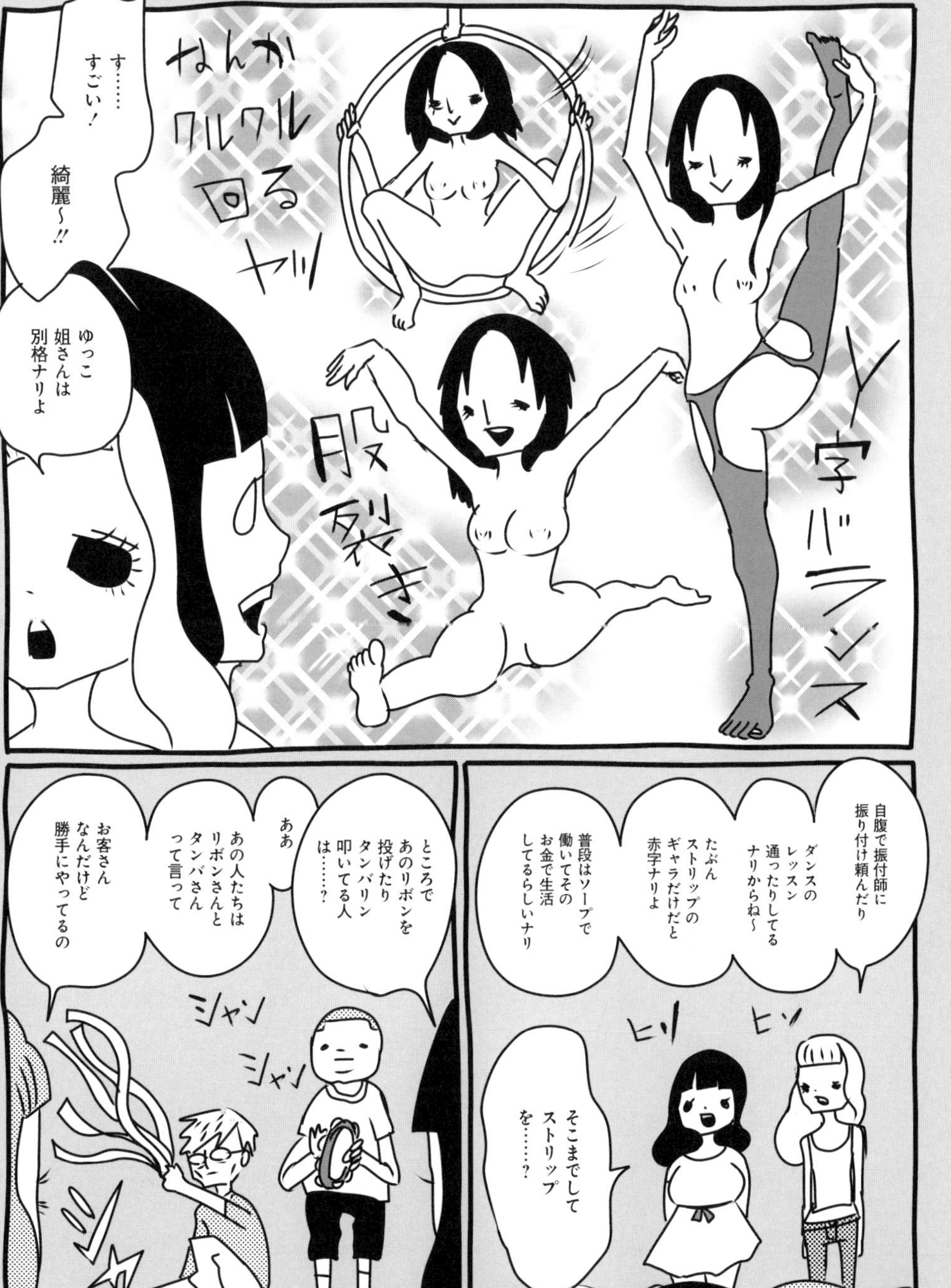

す……
すごい！
綺麗～!!
なんかクルクル回るヤツ
Y字バランス
股裂き
ゆっこ姐さんは別格ナリよ
自腹で振付師に振り付け頼んだり
ダンスのレッスン通ったりしてるナリからね～
たぶんストリップのギャラだけだと赤字ナリよ
普段はソープで働いてそのお金で生活してるらしいナリ
ヒソ
ヒソ
そこまでしてストリップを……？
ところであのリボンを投げたりタンバリン叩いてる人は……？
ああ
あの人たちはリボンさんとタンバさんって言って
お客さんなんだけど勝手にやってるの
シャン
シャン

ダンスが
盛り上がった
ところで投げ!!
踊り子さんの
体に触れない
ギリギリの
ところで引く!!
ふわぁん
リボンさん
始めて20年
くらいです
かねえ
ドサッ
休みの日に
区営の体育館
借りてみんなで
リボン投げる
練習したり
してるん
ですよねえ
弟子入りしたい
って若いのも
いるから
僕も最初は
そうやって
リボンさんの
先輩に教えて
もらったから
新入りの面倒
見なきゃって
気持ちになり
ますよねえ
引き継がれる
リボンさんの
伝統……

パチ
パチ
パチ
パチ
すごい！
ストリップの世界って
お客さんと踊り子さんが一体になって作り上げる芸術なんですね！
爆乳ちゃんもちょっとわかってきたみたいナリね

ん？
あの行列は!?
一人のショーが終わるたびにあるポラタイムナリ

一枚千円で踊り子さんとツーショットポラが撮れるナリよ
へ～
サイン会みたいですね

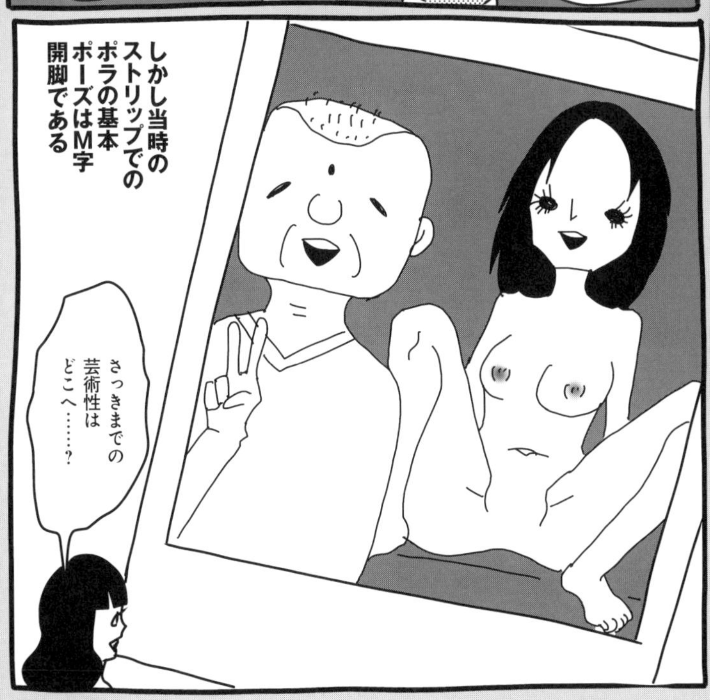
しかし当時のストリップでのポラの基本ポーズはM字開脚である
さっきまでの芸術性はどこへ……？

オープンで
「オープン」とは……？
オープンとは!!
M字開脚からさらに小陰唇を広げて膣などがよく見えるようにしてという指示のことである!!
CLOSE
OPEN!
一日5ステージあるナリけど毎日毎回撮る常連さんもいるナリよ
でもある日パタッと来なくなることもあって
そういう時って大体その常連さんが死んだ時ナリよ
大量のまんこツーショットポラを見つけた遺族はどういう気持ちになるんですかね……
お父さん……

ワンツーさんし！
はいステップ遅れた！
すみません!!
パン
パン
謝る暇があったらもっと脚上げて！
もっと！
ンギギギ!!
プルル
プルル
プルル
まだまだ見せられるレベルじゃないけどどうしたって本番は明日ナリからね
練習より上手くできるようにがんばります!!
そしていよいよ迎えた本番
大きな拍手でお迎えください!!
今回がデビューステージの現役AV女優爆乳ちゃんです!!
パチ パチ パチ
Vol. 81
絆のローストビーフ

ああっ
テンポ遅れた!!

あっ
小道具が落ちた!

バサッ

ここでターン……

くるっ

グギッ

どんがらがっしゃ

ダメだ……

練習より全然上手くできなかった……

うぅ…

それでも爆乳ちゃんのポラにはすごい行列ができた
オープンで！
まんこが乾く……
ズズ
ズズ
ズ
解説しよう！
ポラの枚数は踊り子さんの人気バロメーター！
ポラの枚数によって次のギャラが変わったりするのでみんなポラを撮ってほしくて必死だよ！
そしてお客さんは普段は見られない単体女優の生まんこポラが欲しくて必死!!
やっぱAV上がりだと実力なくてもポラだけは枚数行くよね～
ね～
私たちみたいにストリップ一本でやってる子の方がレベル高いのになんかちょっとウザいっつーか
あのー
私もAVやってるんスけど
あっ白ギャルちゃんは別だよ！
もう私たち仲間じゃん？
白ギャルちゃんがんばってるの知ってるし
爆乳ちゃんもがんばってますよ

そして初日のラストステージ終了!!
えーと今から家帰って始発でここ来るとして……
近場に泊まらないと寝る時間なくなっちゃうピ
私セフレんち近くにあるからそこ泊まるね〜
じゃあ私はビジホ泊まるから
じゃあ私もビジホに……
待って!
楽屋に布団敷いて泊まればタダナリよ!
え……
でもここちょっと汚いっていうか……
ビジホ泊まるんで……
私のギャラでビジホ泊まる余裕なんてないナリ!!
でもここの劇場オバケが出るって有名ナリよ!!
こんなとこに一人で泊まれないナリ!!
白ギャルお姉さんかわいいな……
えーん!!
そして翌日
ぐぅ…
ガダダダダッ
ギャー!
何々!?
ネズミが出た!!

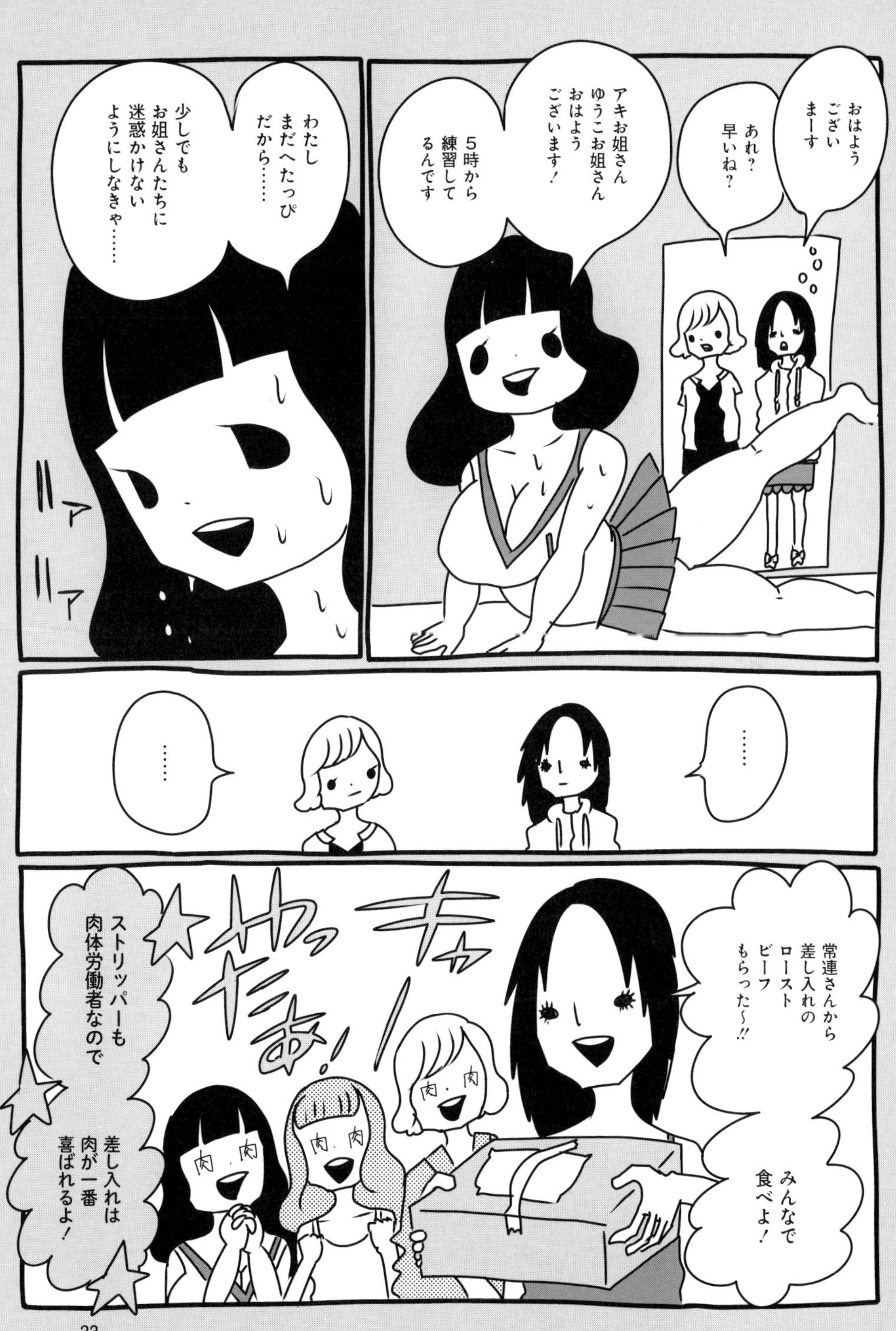
おはようございまーす
あれ？早いね？
アキお姉さんゆうこお姉さんおはようございます！
5時から練習してるんです
わたしまだへたっぴだから……
少しでもお姉さんたちに迷惑かけないようにしなきゃ……
ハァ
ハァ
……
……
常連さんから差し入れのローストビーフもらった～!!
みんなで食べよ！
キャー！
やったぁ！
ストリッパーも肉体労働者なので
差し入れは肉が一番喜ばれるよ！

あ……
一個足り
ない……
あっ
私お腹
そんな減って
ないんで……
ぐぐ
きゅるるる～
みんなで
少しずつ
分けて
あげよ！
いいん
ですか!!
ゆうこ
お姉さん
ありがとう
ございます！
……ゆっこ
姐さんって
呼んでいいよ
ゆっこ
姐さん
……っ!!
こうして
ストリップ沼に
ハマる女が
また一人……

松屋の牛丼は吉野家より10円高い代わりに味噌汁がつく！

でも持ち帰りだと味噌汁つかないのに値段はそのまま！

だから店頭で食べる時は松屋で持ち帰りは吉野家なんて常識ナリ！

す……

すみません……

まあ最初は誰でも失敗するナリ

爆乳ちゃんの初日なんてひどかったもんね

それ言わないでくださいよ〜！

もう最終日だなんて信じられないなあ

いつでも戻っておいでよ

衣装とか貸してあげるし

アキ姉さん！

ゆっこ姉さん!!

これが最終日のラストステージの大トリ……

最後のステージを飾るのは爆乳ちゃんです！

みなさん拍手でお迎えください！

ごくり…

パァーーーッ!
パチパチパチパチパチ

ああ……
今まで踊るのに必死で全然気づいてなかったけど

こんなにたくさんのお客さんがいて
お客さんの顔が一人一人はっきり見えるくらいの距離感で……

ああ
あの人
すごい笑顔
あっ
女の人の
お客さんもいる
リボンさんも
タンバさんも
いて――……
今までで
最高の
ステージに
するぞ!
やった!!
初めて
ノーミスで
でき……
ガタッ
ガタン!!
ちょ……
通せよ!!
……ん?

ガタタッ
ノブちゃん!?
何やってんだよ!?
彼氏が来た――……
ハァ
ハァ
ハァ
爆乳ちゃんの彼氏ことお医者くんは根っからのぽっちゃり女子好きだ
巨乳
巨尻…
しかしオナニーのオカズはもっぱら二次元ぽっちゃりエロ漫画一筋だったので
長らく自分の彼女がぽっちゃりAV女優ジャンルでトップをゆく爆乳ちゃんだと気づくことはなかったが
ミルフィーユ先生……ッ!
clone人間先生……ッ!!
シコ
シコ
ムチムチOL
今日の今日になってたまたま見かけた看板に自分の彼女がデカデカと載っているのを偶然見かけたのだった
へ～ストリップ劇場ってまだあんだな
入ってみる?
よせよ～
……って
ノブちゃん!?
大ベテラン!
現役AV女優ストリップデビュー!
ちっぱいピチピチギャル

看板に現役AV女優って書いてあったけど……

ほんとなの？

う……

うん……

ってことは資格試験の勉強しながら

美容部員やってるってのも嘘ついてたってこと？

う……

うん……

俺とセックスしながらAV男優ともセックスしてたってことかよ!!

ビクッ

ちょっとあんた
コレ以上楽屋
ボロくして
どうする
つもり!?
誰か男の人
呼んで〜!!
ハァ
ハァ
ハァ
爆乳ちゃんは
知っている

こういう壁はちょっと
蹴っただけでも簡単に
派手な穴が開くと
いうことを知っている
もく
もく

そして壁を蹴る男は
すぐに女も蹴るように
なることを知っている
元父
やめ…
いたいッ!!
ドスッ

ち……
違うの!!
私アイドルに
なれるって
言われて……
騙され
て……
無理やり
出演させ
られたの!!

時同じくしてセルAV業界には暗雲が立ち込め始めていた

ここはAVを審査する某審査団体

警察から天下りしてきたおっさんたちが日がな一日AVを見てここはモザイクが薄すぎるとかコレはオッケーとかの自主審査をしている。

ちょっとこのシーンはさすがにモザイク薄すぎるんじゃないかな〜
そこを何とか！
コレでお願いしますよ〜
そういうことなら……
へへへ……
ピラッ
バターン!!
警察だ！
わいせつ物頒布等罪で逮捕する!!
飽くまで「自主審査」なので猥褻物かどうか決めるのは現職の警察なのだ!!
この間審査団体の偉い人が一斉に辞めたのはそういうことだったのかよ〜!!
こうして激薄モザイクだったセルAVは一気にモザイクが濃くなり
AVユーザーは無修正のポルノサイトに流れて売上は激減
ちょっと画質悪いけど……
あんなデカいモザイクよりはマシだ!!

この間まで無駄に海外ロケとかしてたのが幻のようだ……
予算がない……
削れる予算と言えば……
衣装代だ!!
そこで最初からいきなり全裸で登場するAVが作成された！
オールヌード
全裸スペシャル
最初から最後までず〜〜〜っと
全裸
ユーザーも服を着たAV女優が初体験とか聞かれながら
もたもた
もたもた服を脱がされるシーンに飽き飽きしていたので
早送り……っと
ピッ
いきなり全裸AVが大人気に！
バーン!!
全裸!!

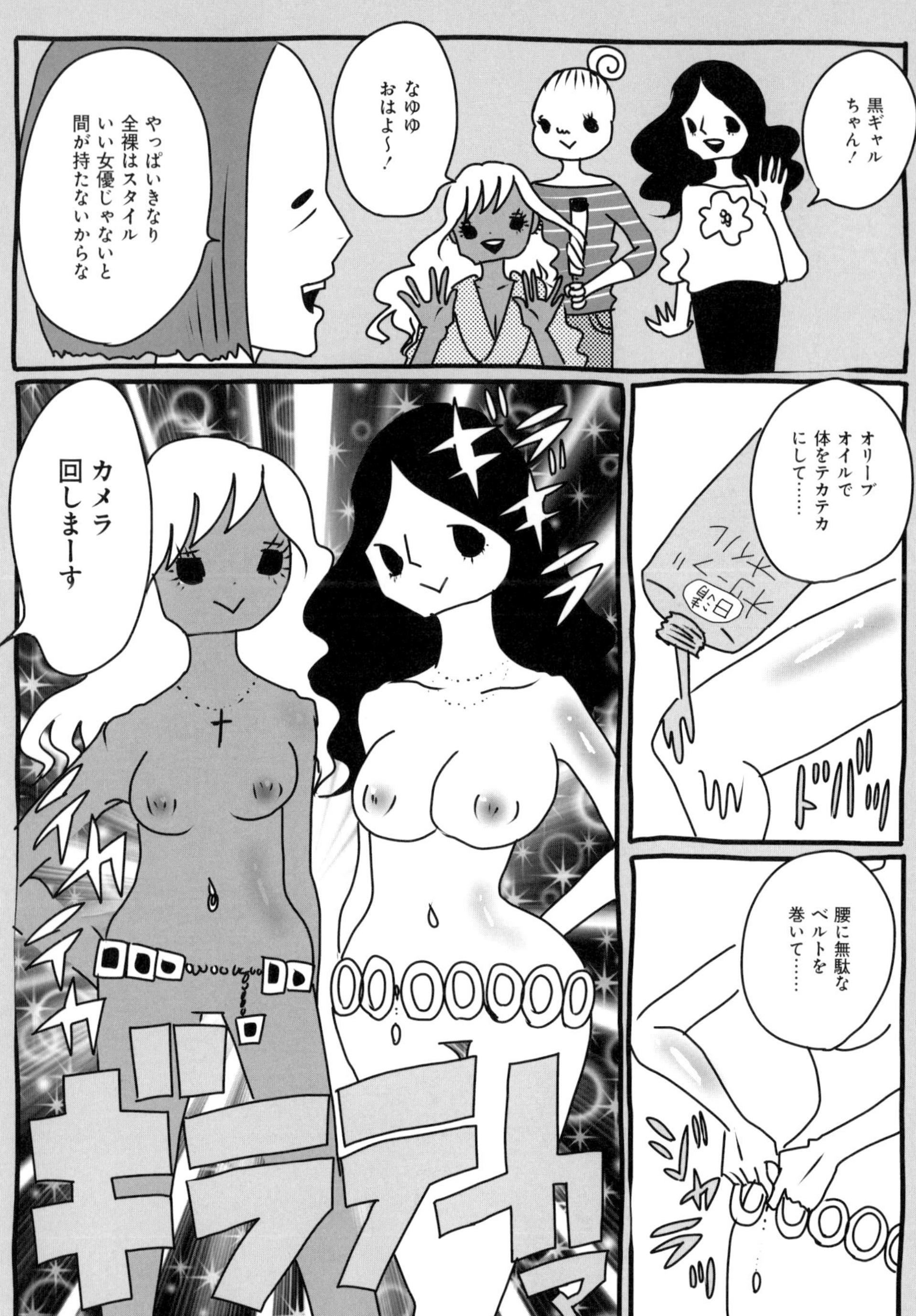
黒ギャルちゃん！
なゆゆおはよ～！
やっぱいきなり全裸はスタイルいい女優じゃないと間が持たないからな
オリーブオイルで体をテカテカにして……
腰に無駄なベルトを巻いて……
カメラ回しまーす

このちんぽはウチのもんや！
誰にも渡さへんでぇ!!
ガシッ
あ……そうなんだ……
シコシコ
……
ぺろぺろ
……
カットーッ!!
ここは「私のものだもん！」とかっつってちんぽ取り合う流れに決まっとるやろ!!
そうだったの!?
なゆゆはもう一年以上やりよるのに全然業界のルール分かっとらへんなあ
ごめん〜！
お疲れ様でーす
撤収でーす
ガヤガヤ
ヨシオくんからのメールないかな〜♡
パカ
えっ！
おとんの病院からめっちゃ着信入っとる!!

某総合病院
今晩が峠です
おとん！
のそ……
誰や？
もう目ぇもよう見えへん……
おとん！
ウチやで！
もしかして京子か……？
京子！
よう来たなあ！
パァ
京子って誰？

おとんとおかん
どっちが好きや？

Vol. 84

おかんには絶対内緒

おとん！

別に
ただ女は
この年齢から
女なんやなって
思うただけや
おかんなんか
ほっといて
今日もおとんと
一緒にお風呂
入ろうなあ！
入る！
肌も
すべすべ
やなあ
こんな綺麗な
肌は手ぇで
洗うのがいっちゃん
ええんやで
おかんには絶対
内緒の二人だけの
秘密やで！
うん！
大事なところも
よう洗わんとな
アハハ！
おとん
こちょばい
てぇ～
じゃあ次は
カンナがおとんの
大事なとこ洗う番や

毎日おとんと一緒に風呂に入った
痛うせんからまずは小指の先っぽだけな
せや
もっと奥まで咥ええ
初めて挿入したのは小3の時
おとんが時間をかけて広げてくれよったからちいっとしか痛うなかった
おかんに聞こえてまうで声出したらダメやで
う……
うぐ
歯ぁ立てんようにな
ジャブ
ジャブ
小6の時保体の授業でおとんとウチがしよることはセックスやってことがわかって
セックスは本当に愛し合う人同士でするものです
せや
ウチとおとんは愛し合っとんのやな！
クラスの男子の会話からおとんがロリコンやってことも推察できた
俺らくらいの歳の女子に興奮する大人もおるんやで
なんやそれ
キッショ
やからおかんよりウチのほうが好きなんやな

みんなは好きな人っておるー？
ウチはバレー部の香川くん！
ウチはおとん！
そういうんじゃあらへんって〜
付き合いたいとかキスしたいとかの好きってことやで？
？
おとんやけど？
ウチが中学に上がったころにタクシーの運ちゃんしよったおとんが人身事故でクビになって
おかんは離婚届を置いて出ていった
お前のおかんはアバズレや！
どうせ前から他の男と乳くり合うとって俺に金がのうなったからってその男んところでも行ったんやろ！
おとん！
おとんにはウチがおるやろ！
ずっと一緒やで！
あのズベ公……
許さへんで……

……おとん？
……一緒に風呂入らへん？
おう！
もうあんな女に隠れてこそこそ風呂場行かんでもようなったからな！
おず……
どこでもやり放題やで！
せやな！
初めてベッドでするセックスは狭い風呂場よりも自由で楽しかった
もっと声出してもええんやで！
もうあの邪魔もんはおらんのやからな！
おとん！
ウチらは家中のあらゆるところでヤリまくってて
ウチが中2になる頃にはすっかりマンネリ化していた
ただいま〜
カンナか
準備せえ
ちょい待ってえや
ドプ
ぺと
ぺと

うまいっ！
ざぶとん
一枚ッ!!

ジ……

笑点

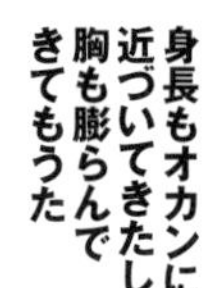

身長もオカンに
近づいてきたし
胸も膨らんで
きてもうた

おとんはロリコン
やからもうウチの
体にそこまで興味
無くなって
まったんかな……

カンナ頭
ジャマや

テレビ
見えへん

……
うん

う……

出る
……

ほんまに
中学生なん
やろな⁉
ほんま
やって
誰やこの
おっさん
じゃあ
これ約束の
５万円
へへっ
ありがと
さん！
ほな
ごゆっくり
ギィイ
ほんなら
おっちゃんと
ええことしよか
やさしゅう
するでな
ガバッ
おとん？
おとんとウチは愛し合っとるんじゃなかったん？
Vol. 85
運命の５万円

おとんの財布から5万円抜いて家を出た
グオ〜
スピ
スピ
スパ
おとんに見つからへん場所……
友達の家とかじゃダメや
阪急高速バスターミナル
新宿
そうや！
おとんが嫌っとる東京や！
JR高速バス乗場
ざわざわ
ぽつん……

みんな東京弁喋っとんな……
ほんまに「じゃん」とか言いよる……
高速バス代5千円引いて残りは4万5千円……
節約して使わんとな
夜んなってもうた
どうしよ
漫喫もカラオケも入れへんし……
中学生が泊まれるとこなんて……
ねーねー何歳？
もしかして行くとこないの？
ウチ泊まる？
あった
そこらへんのカップラとか好きに食べていーよ
何あんた？
新入り？
小学生みたいじゃん
中3やで！

こっち来て メイクしてあげる
ポイッ
そのダサい服も着替えた方がいいよ
ユミちゃん10時に109前行って
目印は水色のシャツにGパンだって
何それ わかりにくっ
おっ
カンナちゃんいい感じになったじゃん
じゃあカンナちゃんはハチ公前で待機ね
目印はベージュの帽子にアロハだって
ハチハム？
……カンナちゃん？
……あ そうですけど
いや～ その歳なのにフェラチオ上手だね～
じゃあこれ約束の3万円
お疲れさま～

じゃあ1万
5千円が俺の分で
カンナちゃん
にも1万5千円
そのマンションの
一室は家出少女を
泊まらせてあげる
代わりにウリの
半額を大家くんに
渡すシステムで
運営されよった
ALBA ROSA
じゃがりこ
コテの使い方
教えてあげるね
このアイ
シャドー
いる?
カンナも
ブリーチ
する?
する!!
日サロ
行くけど一緒に
行く人〜?
行く〜
ウチも!

乳首黒く
ならないように
ニップレスは
必須だよ！
ニップレスは
ちゃんと自分の
乳輪のサイズに
合わせて切らなきゃ
ダメだからね！
じゃないと
目玉焼き
乳首に
なっちゃう
から
目玉焼き乳首
おとんが好きやった
サラサラの黒髪は
バサバサになるまで
ブリーチして
おとんが好きやった
白い肌は日サロで
ゴリゴリに焼いて
おとんが好きやった
奥二重の目ぇは
アイプチでごっつい
二重によるうちに
3年が
経っとった
カンナちゃん
リピートの
お客さん〜
はい
はーい

カンナちゃん
モアイ像前に
3時半ね
ほい
ほーい
来月で
18歳
なんだ
高校行って
ないの!?
じゃあ
AV出演って
興味ない!?
忘れらんねえよ
Vol. 86
実の娘がAV出演＝
おとんが悲しむ
チーン!
出る!!

う〜ん……
メイクは薄くして
髪は黒染めするとしても
色黒なのはウケ悪いからなあ……
ッスよね〜……
いやや！
ウチはメイクも薄うせえへんし髪も染めへんで!!
まあ試しにキカタンでデビューさせてみますか
茶髪ナチュラルメイク清純派が王道だったAV業界に
彗星のように現れたコテコテ関西弁黒ギャルのAVは売れた
黒ギャル電マおしおきFUCK
今日もちんこしばくでぇ！
無修正AV出演や！
完全無修正
汚ギャルの汚まんこ丸見え
某南の島ロケや〜！

そして
無許可
AV撮影
小倉カンナ容疑者
カンナ！
カンナやろ!?
カンナ……!!
あんだけ憎んどったおとんやけどこんな足でウチのこと探しに来てくれよって……
やっぱりおとんはウチのこと忘れられへんかったんや……!!
おとん!!
ガバ
京子！

やっぱりお前も俺のこと忘れられへんかったんやなあ
京子って……
そういえばおかんの名前やん
お前が俺に冷とうするからカンナとあんなことしよったけど……
でもお前を嫉妬させたくて……
そしたらまたお前が俺に優しゅうなると思ってやっとっただけや！
カンナならお前の連絡先知っとるかと思って
わざわざカンナを探しに行ったりもしたんやで
俺が愛しとるのは京子！
ずっとお前だけや!!
最後に会いに来てくれてほんまありがとうなあ京子……
俺幸せや……
ご臨終です

その頃京子は
再婚相手と
その間にできた
子供と手巻き
寿司パーティーを
していた!!
もう〜
具入れすぎ〜
アハハ〜〜!
ウチの人生って
なんやったん?
カンナちゃん
もうちょっと
リアクション
して!
……
パン
パン
腕の注射痕
コンシーラーで
隠して!
ハイッ!
こんな
ガリガリに
なって……
だからシャブ
だけはやめろって
あれほど言った
のに……
ハア
魚臭い
な……
シャブをやると
体臭が魚臭くなる
らしい
パン
パン

ヴィ〜〜〜
痴女さん
ダメだ！
携帯も電源切れてる！
ブーン
運転手さん
もっと
飛ばして
ください!!
もしもし〜
痴女さん
どうしたの？
なゆゆ!!
黒ギャルちゃんの
ブログの内容が
ヤバい！
黒ギャルちゃんブログ
ギャル日和
みんないままでありがとな
さいなら
黒ギャルちゃん
黒ギャル
ちゃん!!
いる!?
開けて!!
ドン
ドン
ドン
あ
鍵かかって
なかった
ガチャ
黒ギャル
ちゃん!?

黒ギャルちゃんッ⁉
ゴロン
ぐ〜ぐ〜
生きてた‼
うぃ〜
何飲んだの⁉
ん〜
ここにある眠剤全部
ウチのことなんてほっといてえや！
もう生きとる意味なんてあらへんねん‼
Vol.87
被害者は誰？
救急車呼ぶ⁉
眠い
これなら一応牛乳でも飲ませて吐かせとけば十分でしょ
パカ
酒しか入ってないじゃん
新人くんに牛乳買ってきてもらお
プルルル…

そもそもこんだけの量の眠剤で死ねるわけないじゃん
……そうなん？
痴女さん牛乳買ってきたッス！
おいしい牛乳
はい
いい子だから牛乳飲もうね〜
ゲロが髪につかないようにゴムで縛って……と
オエッ
ゲホッ
ついでに覚醒剤もトイレに流しまーす！
サラサラ
それだけはやめてえや!!
はい
もっかい牛乳飲んで〜
オエッ
もしもしッス！
新人くんちょっと急ぎで事務所来てほしいんだわ
はいッス！
すぐ行くッス！
じゃあ俺はこれでお先に失礼するッス！
オエッ

この間企画でデビューさせた19歳の子いたじゃん
ああ
あのちょっとしゃくれてる子ッスね！
あの子17歳だったんだよ
え……
18歳未満のAV出演って……
そうだ
かなりヤバい
で……
でも免許証もパスポートも確認したじゃないッスか!?
ここにコピーもあるッスし！
実姉のパクってきてたらしい
んーこの写真撮ったときより痩せた？
プチ整形しました！
あ～
なるほどね～

それがすぐに
同級生の間で
噂になって
親バレして
警察に通報された
カチッ
警察!?
児童福祉法違反と
児童売春・ポルノ
禁止法違反で
五年以下の懲役
または五百万円
以下の罰金だ
え?
なんスか
それ!!
騙された被害者は
俺らで騙した
加害者はその女
じゃないッスか!?
なんでこっちが
罰されることに
なるんスか!?
何をどうしようと
18歳未満を
出演させたら
すべての責任は
AV業界側が取って
女のほうはお咎め
なしなんだよ
ぐりぐり
じゃあ
その女のせいで
マネさんが逮捕
されちゃうって
ことッスか!?
酷すぎる
ッスよ!

イヤ俺は逮捕されないよ
なんだ
よかったッス！
ホッ
新人くんがあの子をスカウトして年齢確認して契約書にサインさせて現場に連れてったってことにして
俺はあの子に関してはノータッチだったってことでよろしく！
ポム
え？
え？
それってどういうことッスか？
大丈夫！
初犯だからすぐ出てこれるって！
前科つくけど
ピーポー
……酷すぎるッスよ！
東京都
警察

解説しよう!
このようにして前科がつくとAV業界以外での就職が難しくなってしまうので
人材確保のために役立つ一面もあるよ!
今日はしんどい一日だったな〜
おっぱいキャバでも行って癒されよーっと
即マン美女ゲット
ピンポーン
内容証明郵便なんでここにサインお願いします
はいはーい
ん?
内容証明郵便?
弁護士事務所から?
爆乳ちゃん(以下甲と呼ぶ)と株式会社タイシュープロダクション(以下乙と呼ぶ)の間で交わされた
すべての契約を未成年者取消権を行使し……
これまでに発売されたDVDと発売予定のDVDすべての販売中止と回収……?

Vol.88
かわいそうじゃない
この方が弁護士さんだよ！
NPO法人で無料でやってくれるって！
大変だったでしょう？
これからは私がついてるから安心してね
ちょっと辛いかもしれないけどお話聞かせてもらうからね
最初はどういう始まりだったの？
えっと……
最初はアイドルになれるってスカウトされて……
イメージビデオを撮るって言われて行ってみたらAVの撮影現場で……
そんなの人権侵害ですよ!!
で……
でも私契約書にサインしちゃったし……
じゃあまずは事務所との契約書を見せてほしいんだけど
持ってないです……
え!?
家に置いといて親とか彼氏に見つかっちゃうと困るから爆乳ちゃんの分もこっちで預かっておくね！
ありえない!!

爆乳ちゃんAV出演強要の話はすぐに業界中に広まった

ウチは強要なんてされてへんし!!
いや黒ギャルちゃんは強要されてないかもしれないけどさあ
今どき強要とかほとんどないナリよね～
ほとんどってことはちょっとはあるってことじゃん……?
一本だけならわかるけど爆乳ちゃん何本も出てるでしょう?
でもその最初の一本の話してるんじゃ……?
ギャラもらっといて後から強要でーすとかふざけてない?
うーん……
でも……
なんでだ?
事務所側が反論するならわかるんだけど
なんで他のAV女優まで爆乳ちゃんに対してこんなに攻撃的なんだ?

誰もかわいそうな人間だと思われたくないのだ

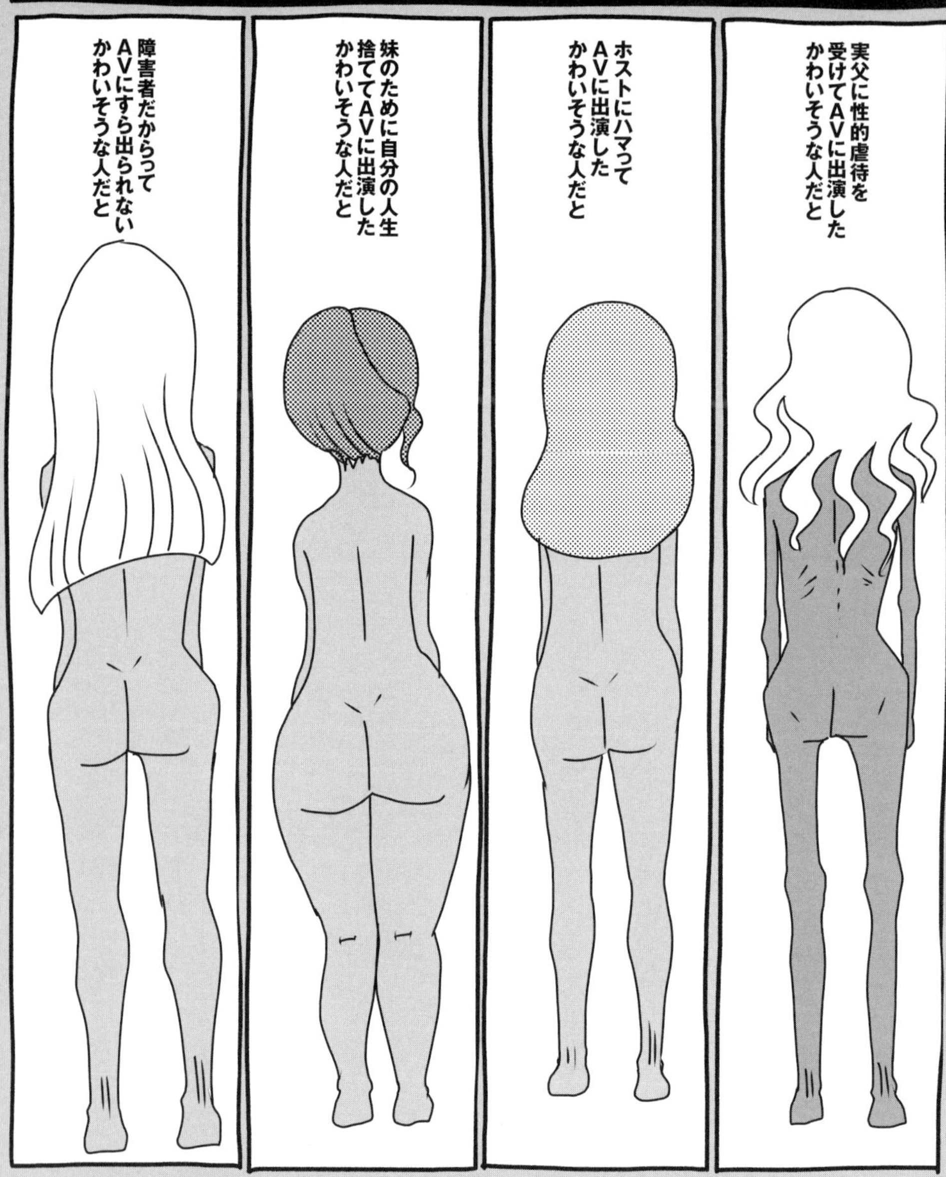

トン
トン
カッカッ
はー……
何時間経った？
あのさあ君がこの契約書にサインしてくれないとみんな帰れないんだよ？
みんな忙しい中待ってんだよね
ここに名前書くだけだよ？
う……
セックスするなんて聞いてないです!!
え？
じゃあウチから貸した君の整形費用700万円どうやって返すの？
本籍地わかってるから親御さんに請求しに行くよ？
やっぱAVデビューしたくないって？
そっかじゃあしょうがないね
一旦事務所来てもらって契約解除の書類書いてもらわなきゃいけないんだけど
それだけでいいんですか!?
すみません契約解除に来たんですけど……
じゃあこっちの部屋入って

お前足押さえろ！
くっそ！
蹴るなって!!
カメラ回せ!!
……!!

はいこれ事務所のサイトにもうアップしたから
現役女子大生ガチレ○プ
AVデビューおめでとう～！

騙されて無理やり出演させられた頭の悪いかわいそうなAV女優と一緒になんてされたくない

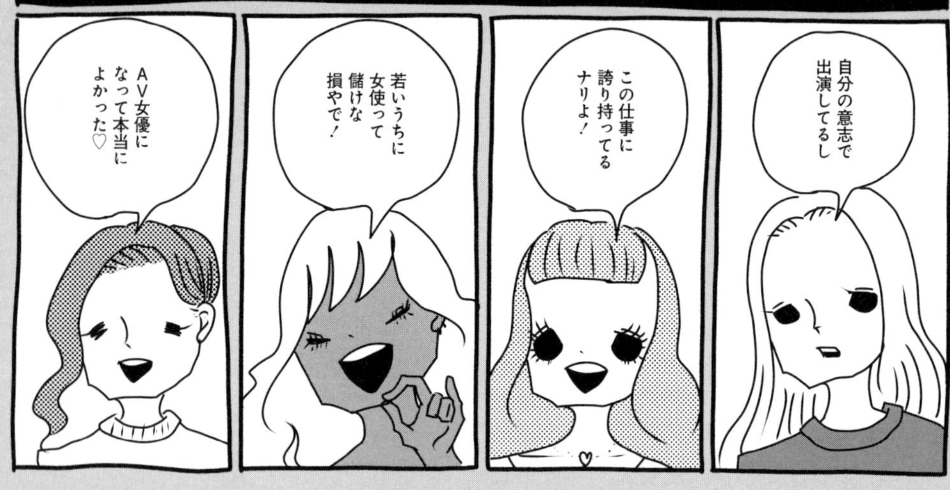

そして爆乳ちゃんの撮影当日
女優さんまだーっ？
連絡つかねえし家にもいねえ……
バラシ代だけで済むと思うなよ
バラシ代とは！
出演者が急に来られなくなったときのスタジオ代や人件費のことだよ！
爆乳ちゃんとの契約はあと4年分残ってんだ！
その4年間で本来ウチに入るはずだった利益分2400万円を請求する裁判を起こすぞ！
敗訴
そんなバカみたいな主張が認められるわけないでしょう！
次はこっちが訴える番！
脅迫罪！
労働者派遣法違反！
慰謝料!!
Vol. 89
それほど不幸なことはない

でも……私最初の一本は確かにAVだとは思ってなかったんですけど
その後は違ってて……
だってあなたはAVに出ていたらそのうちアイドルになれるからって錯覚させられて仕事をしていたんでしょう？
それに仕事中に楽しいなって思うこともあって……
そうやって洗脳させて出演させるのが奴らの手口だから
それに……
それに……
撮影中に本当にイッたこともあって……
そんなことであなたの受けた加害が相殺されるわけなんてないでしょう
私は望まない性行為を強要されたすべての女性を救いたいの
そんな女性の人権を踏み躙るようなひどいこと世の中にあってはいけないから
自分の意志じゃなく性行為を撮影されてそれを世界中の人に見られるなんて
それほど不幸なことはないでしょう？
大丈夫
裁判が終わったらこれで元の生活に戻れるから

でも私のAV出演の映像を世の中からすべて消すことなんて無理じゃない？

そしたら私って「それほど不幸なことはない」人間のままなの？

それに元の生活って？

巨乳サワーくださーい

ギャハハ！

う……

出る！

飲んで！

本当は最初から知っていたんだ

アイドルなんてなれっこないって

怪しいって

お医者くんが自称医者なだけで本当は医療器具メーカーの下請けの会社員だってことも

まあ患者さんの命あずかる仕事してっからさー

わーすごーい！

AV業界以外の場所で高卒職歴ナシの私になんの価値もないことも

わ……っ

わたし不幸じゃないです!!

裁判もしないです!!

なんで……

不本意な性行為の映像を世の中に見られることほど不幸なことなんてないでしょう……？

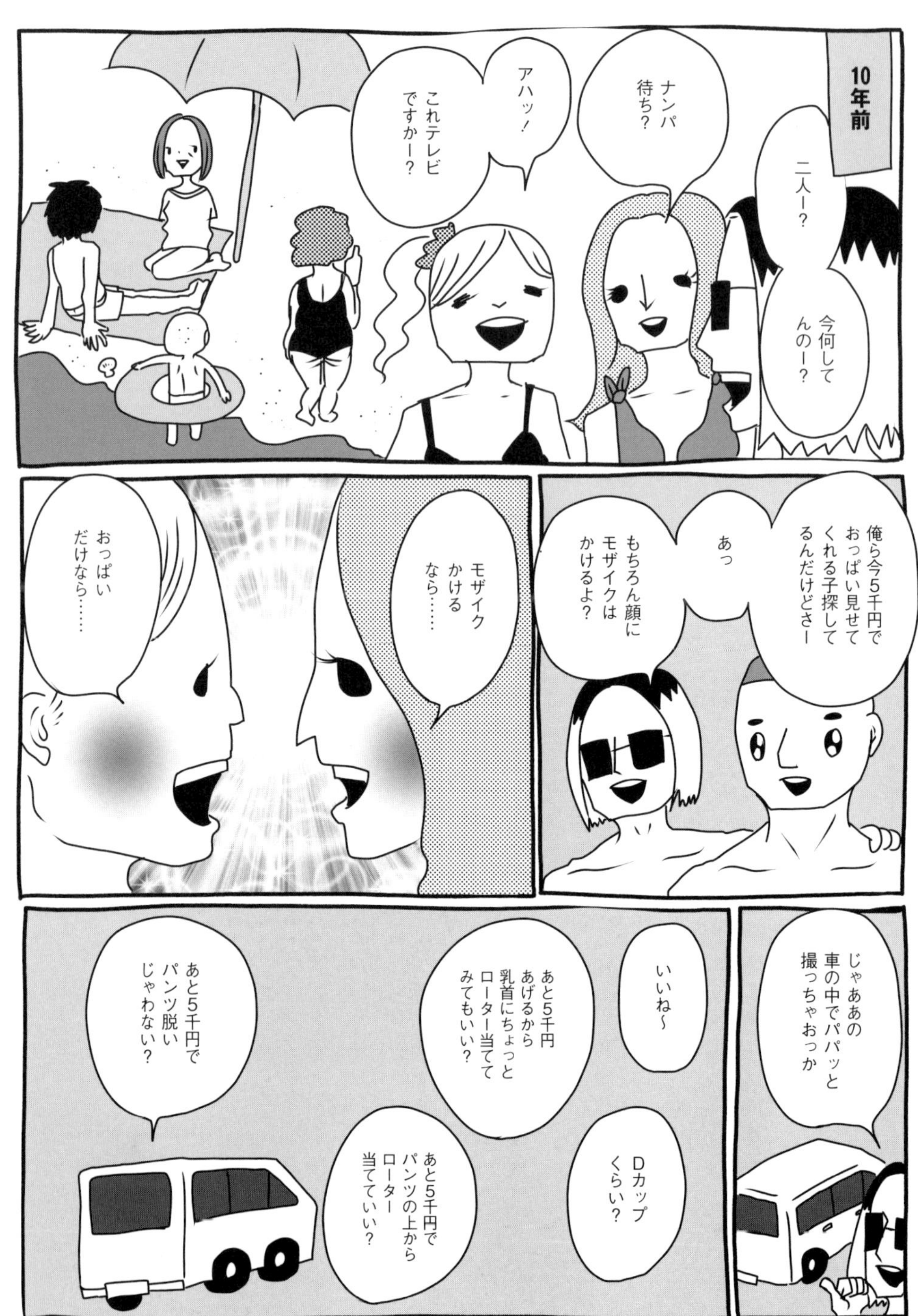

10年前
二人ー？
今何してんのー？
ナンパ待ち？
アハッ！
これテレビですかー？
俺ら今5千円でおっぱい見せてくれる子探してるんだけどさー
あっ
もちろん顔にモザイクはかけるよ？
モザイクかけるなら……
おっぱいだけなら……
じゃああの車の中でパパッと撮っちゃおっか
いいね～
Dカップくらい？
あと5千円あげるから乳首にちょっとローター当ててみてもいい？
あと5千円でパンツの上からローター当てていい？
あと5千円でパンツ脱いじゃわない？

30分後
パンパン
イクッ!!

なんかすごいことになっちゃったけど……
でもゴムはつけてたし顔にモザイクかけるんなら大丈夫じゃない？

3か月後に自分と友人のAVを見かけたのは耳鼻科の待合室に置かれていた男性誌だった
ぺら

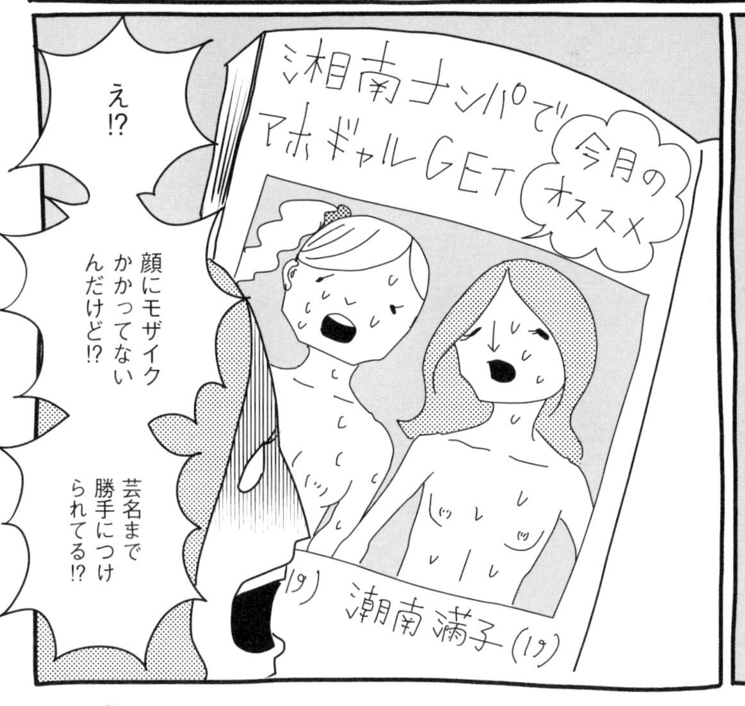
湘南ナンパでアホギャルGET
今月のオススメ
(19)
潮南満子(19)
え!?
顔にモザイクかかってないんだけど!?
芸名まで勝手につけられてる!?

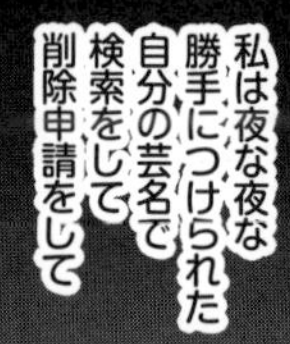

それを10年間
ずっと続けている

バタン!
失礼します!
うおっ
爆乳ちゃん!?
何!?
慰謝料なんて払わねえからな!!
私はあなたに騙されてAVに出演強要されました
は?
違うし!
その後もCD出すって言ったり色恋管理されて洗脳された状態で出演してました
何言ってんの?
なので今までの契約は取り消します
わかったからもう帰ってくんない?
それでこれからは自分の意志でAV出演します
……え?
Vol.
90
自分の意志で

弁護士とか出してきたときはマジでムカついたけど単体女優をみすみす逃すのももったいないしな……
よし！
再契約だ!!
デカ尻姪っ子
契約書確認するんで時間ください
ペラッ
……わかったよ！
この違約金についての項目は全消ししてください
あとこの「アダルトビデオ等の撮影を含む」の「等」を消してください
それから……
細かいな!!
やりゃいいんだろ！
一方白ギャルちゃんはと言うと
最近全然仕事来ないからあっくんのお店行けないし
家賃の支払いとかもそろそろヤバいナリ……
仕事ないナリか!?
あっあるよ！
この地方ナンパもので秋田県在住の素人の女の子の役なんだけどさ〜
え？
それって企画女優の仕事じゃ……？
もうキカタンとしての仕事ないからさー
そろそろ路線変更ってことで！
それって……
企画堕ちってことナリか……？

アイドルやタレントがAV出演することを「AV堕ち」と言うが
元アイドルデビュー

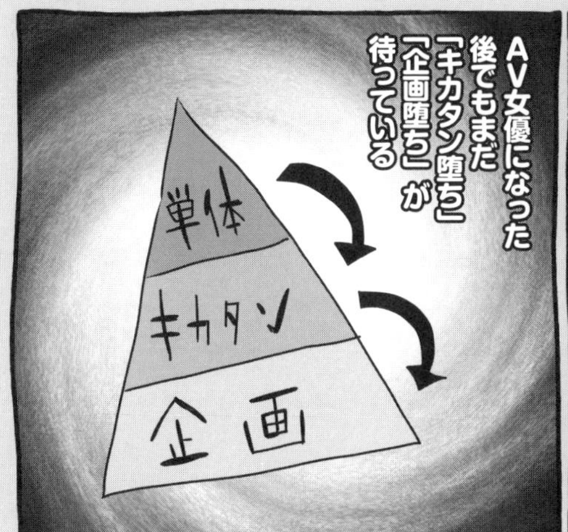

AV女優になった後でもまだ「キカタン堕ち」「企画堕ち」が待っている
単体
キカタン
企画

例えばこのメンツで合コンに行ったら私が一番人気なのはわかってる
顔がかわいくて体型も太すぎず細すぎず垂れ目で低身長で色白で常識のある服装で

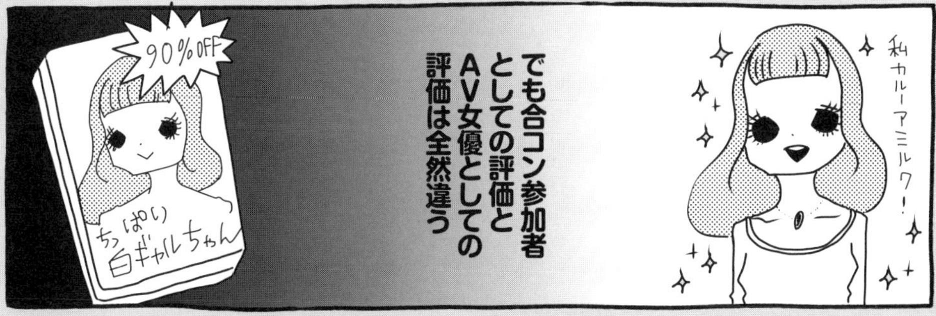

私カルーアミルク！
でも合コン参加者としての評価とAV女優としての評価は全然違う
90%OFF
ちっぱい白ギャルちゃん

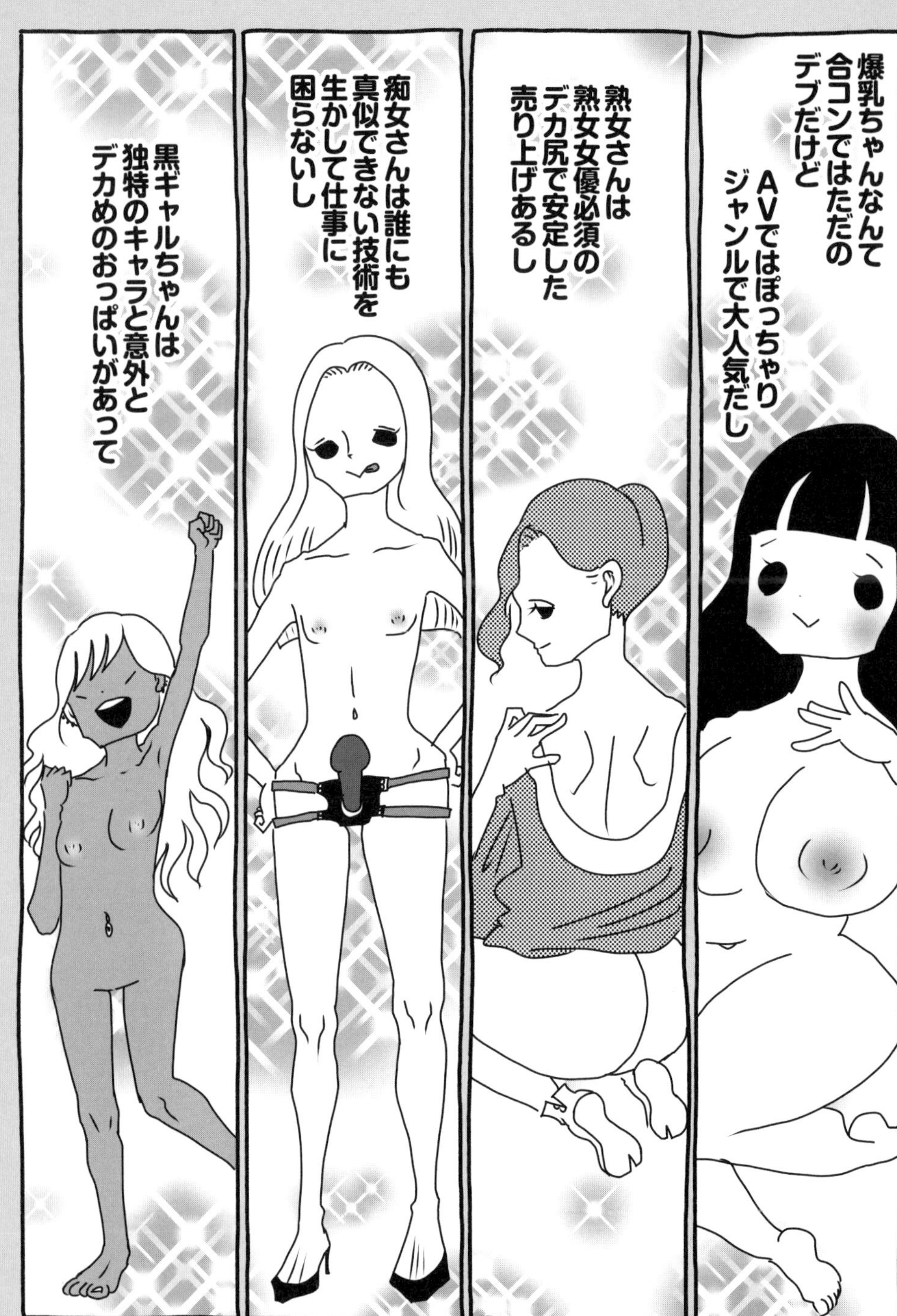
爆乳ちゃんなんて合コンではただのデブだけど
AVではぽっちゃりジャンルで大人気だし
熟女さんは熟女女優必須のデカ尻で安定した売り上げあるし
痴女さんは誰にも真似できない技術を生かして仕事に困らないいし
黒ギャルちゃんは独特のキャラと意外とデカめのおっぱいがあって

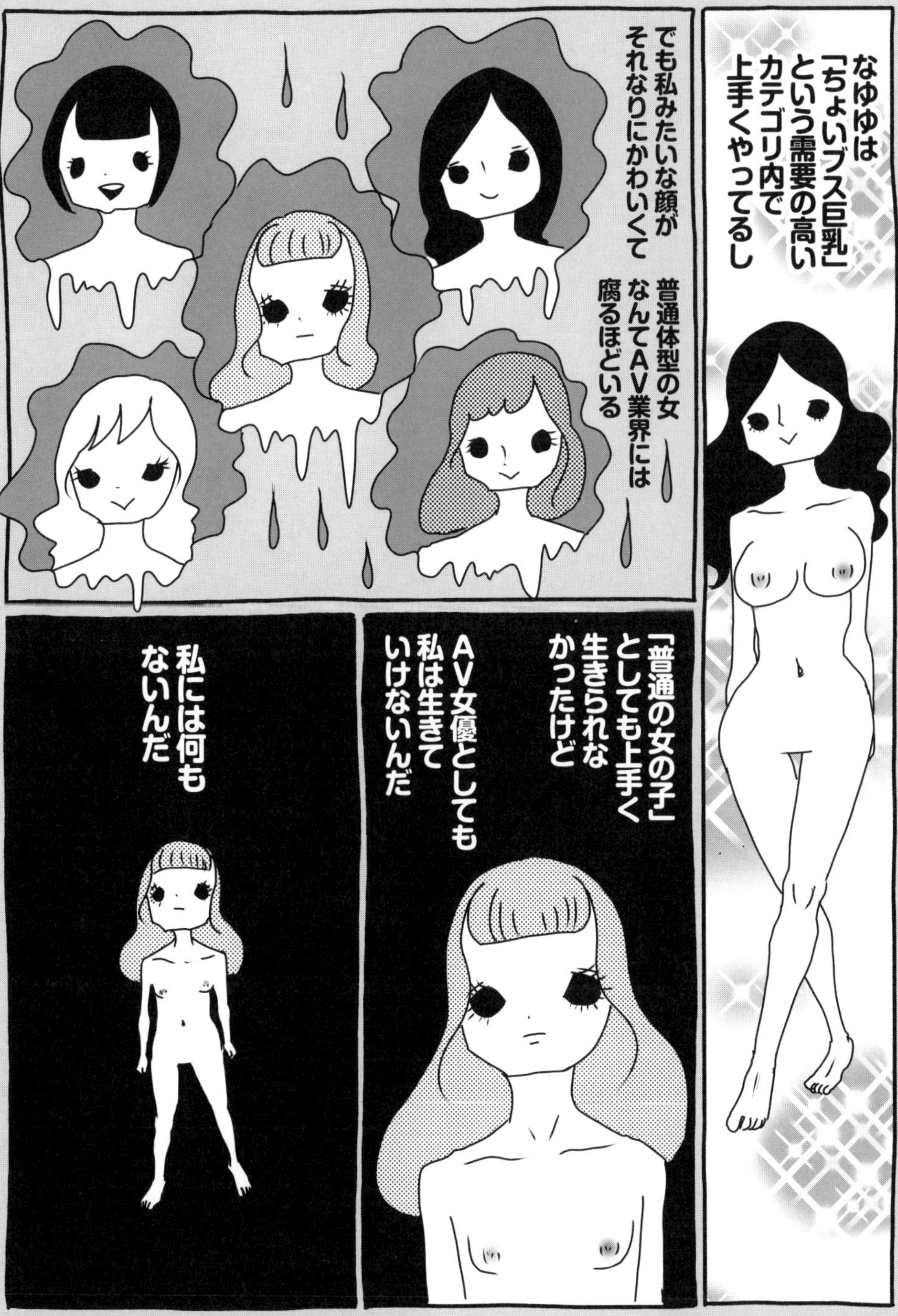

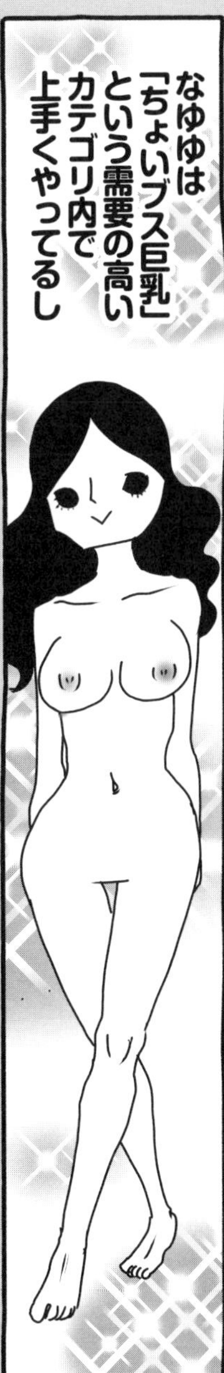

でも私みたいな顔が
それなりにかわいくて

普通体型の女
なんてAV業界には
腐るほどいる

「普通の女の子」
としても上手く
生きられな
かったけど

AV女優としても
私は生きて
いけないんだ

私には何も
ないんだ

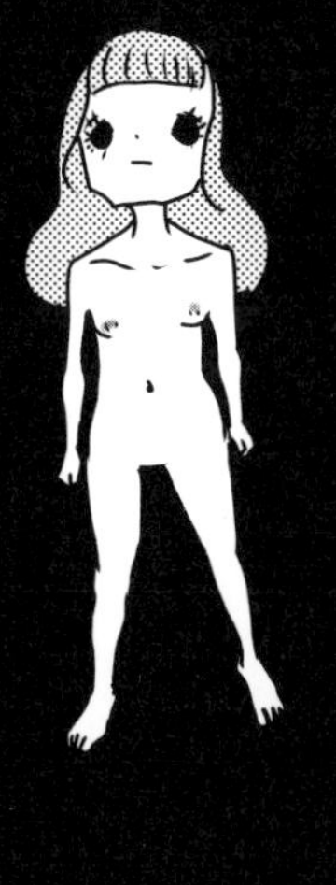

……違うッ!!
まだ私には解禁してないNG事項がある!!
全部って……
普通はちょっとずつ解禁するもので……
そんな普通のことやってるから企画堕ちしたナリよ!
じゃあそれをちょっとずつ解禁して……
全部解禁するナリ!
私は今日からNGナシ女優になるナリ!
こんなナンパものなんてぬるいのじゃなくてもっとハードな仕事持ってくるナリ!!

Vol.
91
これが私の生きる道
おはようございまーす！
今日峰さんまた放尿ものだけど大丈夫なの？
大丈夫です！
あれから練習してきたんで！
じゃあ手始めに浴尿の現場でも入れてみるか
なんでもやるナリよ！
まずはお風呂場で尿をするところから始めて……
ディルドを挿入しながらの放尿……
リビングにペット用シートを敷いていろんな体勢で尿をしてきた私!!
だから任せてください！

おはよう ございま……
あれ？
今日って白ギャルちゃんと共演モノなんですか？
はーい
他の女優さんたちはこっちの控室はいって待機しててー
峰さんはこっちねー
メイクさんもう待ってるから
ぞろぞろ
なゆゆは個室なのに企画女優だと控室も大部屋でメイクも自メイクなのか……
遅くない？
何時から？
2時くらいだって
企画女優の顔ってやっぱこういうレベルなんだな……
今が11時ってことは……
12、1、2で3時間か……
わたしバカ画像500連発セレクション持ってきたからみんなで見よ～
マジ⁉
バカ画像ってマジウケるよね！
バカ画像500連発
企画の子って頭もこんな感じなんだなー……

先に峰さんのピン撮りするんでこれ食べて待っててくださーい
のり弁
20円引

食べ終わった人はこの衣装ケース峰さんの楽屋に運ぶの手伝って
裏方の労働までさせられるのかよ……

なゆゆは叙々苑弁当食べてるのに……!!

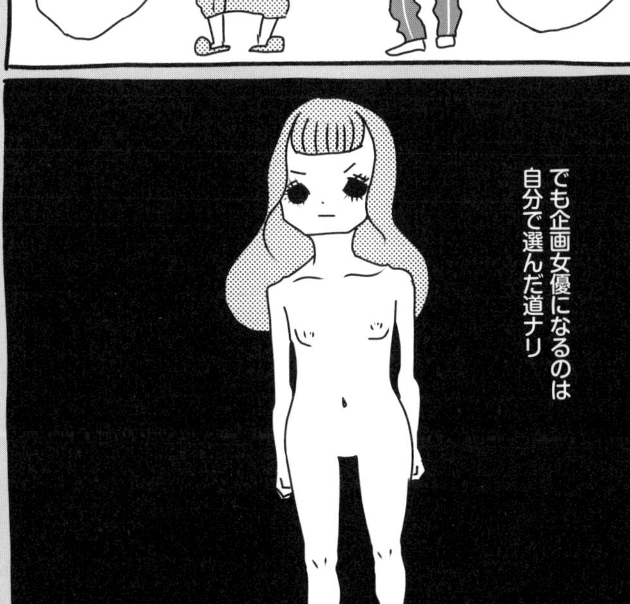

でも企画女優になるのは自分で選んだ道ナリ

じゃあ他のみんなは峰さんの補助として攻めて
挿入は峰さんのみ
ラストは峰さんのM字開脚放尿ね！
はーい！
飲尿できる子は口開けてくださ〜い！

よし！
膀胱満タンだし練習も積んできたし躊躇なく女子に尿をかけるぞ!!
よし！
なんでもできることアピールのために口開けるナリよ!!
シャー
アアアアア
アアアアア
うわあ……
しっこって塩辛いんだなあ……
ウップ
私が尿飲んで5万円で
しっこするだけのなゆゆが150万円ナリか……

こんにちは〜
ニャン2倶楽部のインタビュアーのAVライターちゃんだよ
今日は現場取材させてもらいに来ました
娘の友達にペロペロ接吻
あのっ
わたし今日ついに浴尿解禁したんナリけど……
あっ
すみません
今回のインタビューは峰さんのみってことで……
でも企画女優になるのは自分で選んだ道ナリ……
あれっ!?
峰さん何読んでたんですか?
魚喃キリコですけど……
え!?
もしかしてやまだないとかも読みます!?
私も大好き!!
単行本全部持ってます!
あともしかしてこの私服……
ギャルソン!?
そうです〜

私峰さんは
漫画とか読まない
ゴージャスな人
って想像してたん
ですけどサブカル
女子だったんですね!!
周りにサブカル
好きいないんで
こういう話できて
うれしいです〜!
ハァ
ハァ
ハァ
ハァ
サブカル仲間を見つけたとき独特の興奮
あのッ!
今度わたし
女子限定でやる
AV鑑賞イベント
やるんですけど
ゲストとして出演
してもらえませんか!?
いい?
まあ別に
いいよ
娘の友達とベロベロ接吻
白ギャルちゃんも
よかったら
来てくださいね!
ん〜
イベント出演は
一応事務所の
許可とらないと……
でも企画女優になるのは
自分で決めた道ナリ……
あ……
えっと
観客としての
つもりでお誘い
したんですけど……
カァァァ

女の人でAVライターさんって珍しいですね
私AV女優さんに本当に憧れてて！
顔も可愛くて体も綺麗で言葉責めも演技もできて
アイドルとかより断然AV女優さんのほうが憧れですよ！
キャ
キャ
できることなら私もAV女優になりたかったんですけど
私の顔じゃ絶対企画女優じゃないですか
だからAVライターになって綺麗なAV女優をいっぱい見てきてるAV監督とセックスすることで
私はAV女優とセックスできる男に選ばれてセックスしてるんだって優越感味わってるんですよね～！
へ～……
Vol. 92
笑うな
アッ
アッ
アッ
あの監督くんとノーギャラでセックスして優越感……？

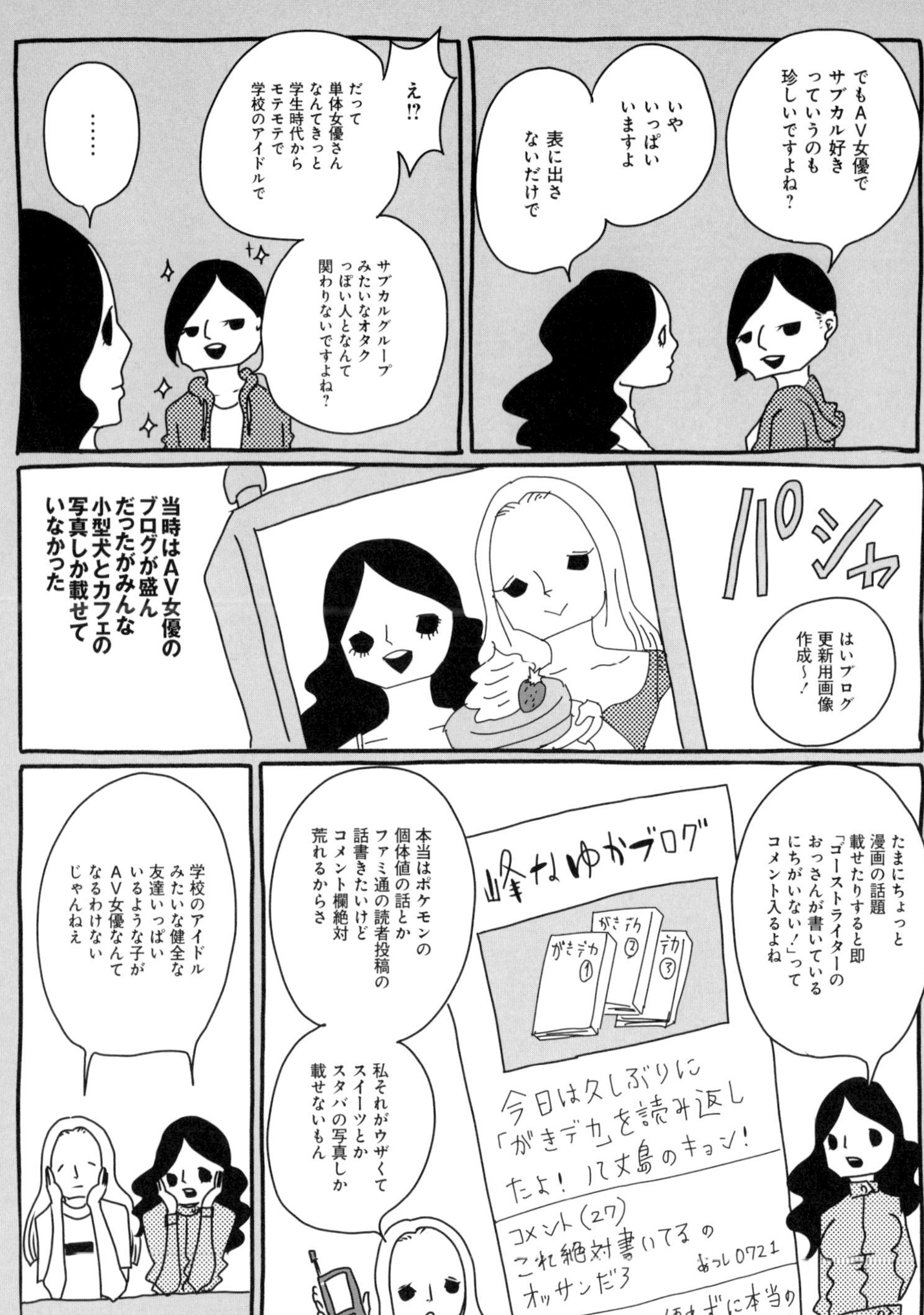
でもAV女優でサブカル好きっていうのも珍しいですよね？
いやいっぱいいますよ
表に出さないだけで
え!?
だって単体女優さんなんてきっと学生時代からモテモテで学校のアイドルで
サブカルグループみたいなオタクっぽい人となんて関わりないですよね？
……
パシャ
はいブログ更新用画像作成〜！
当時はAV女優のブログが盛んだったがみんな小型犬とカフェの写真しか載せていなかった
たまにちょっと漫画の話題載せたりすると即「ゴーストライターのおっさんが書いているにちがいない！」ってコメント入るよね
峰なゆかブログ
がきデカ①
がきデカ②
デカ③
今日は久しぶりに「がきデカ」を読み返したよ！八丈島のキョン！
コメント（27）
これ絶対書いてるのオッサンだろ
おっし0721
ゴーストライター使わずに本当の峰なゆか©のことが
本当はポケモンの個体値の話とかファミ通の読者投稿の話書きたいけどコメント欄絶対荒れるからさ
私それがウザくてスイーツとかスタバの写真しか載せないもん
学校のアイドルみたいな健全な友達いっぱいいるような子がAV女優なんてなるわけないじゃんねえ

そして
イベント当日
女子限定
AV鑑賞会
ざわ　ざわ
なゆゆ〜！
観にきた
ナリよ〜！
峰さーん！
マネ君が勉強に
なるからって
いうから観に
きました！
うわっ
AV強要女だ
バチチッ
今は自分の
意志で出て
るんです！
ストリップの
ときはあんな
楽しそう
だったくせに！
どうせ私のこと
企画女優だって
見下してるナリ！
は!?
ストリップと
AVは全然
違いますし！
そんなこと
一言も言って
ないです！
ちょっと！
ケンカは
やめよう
ね!?

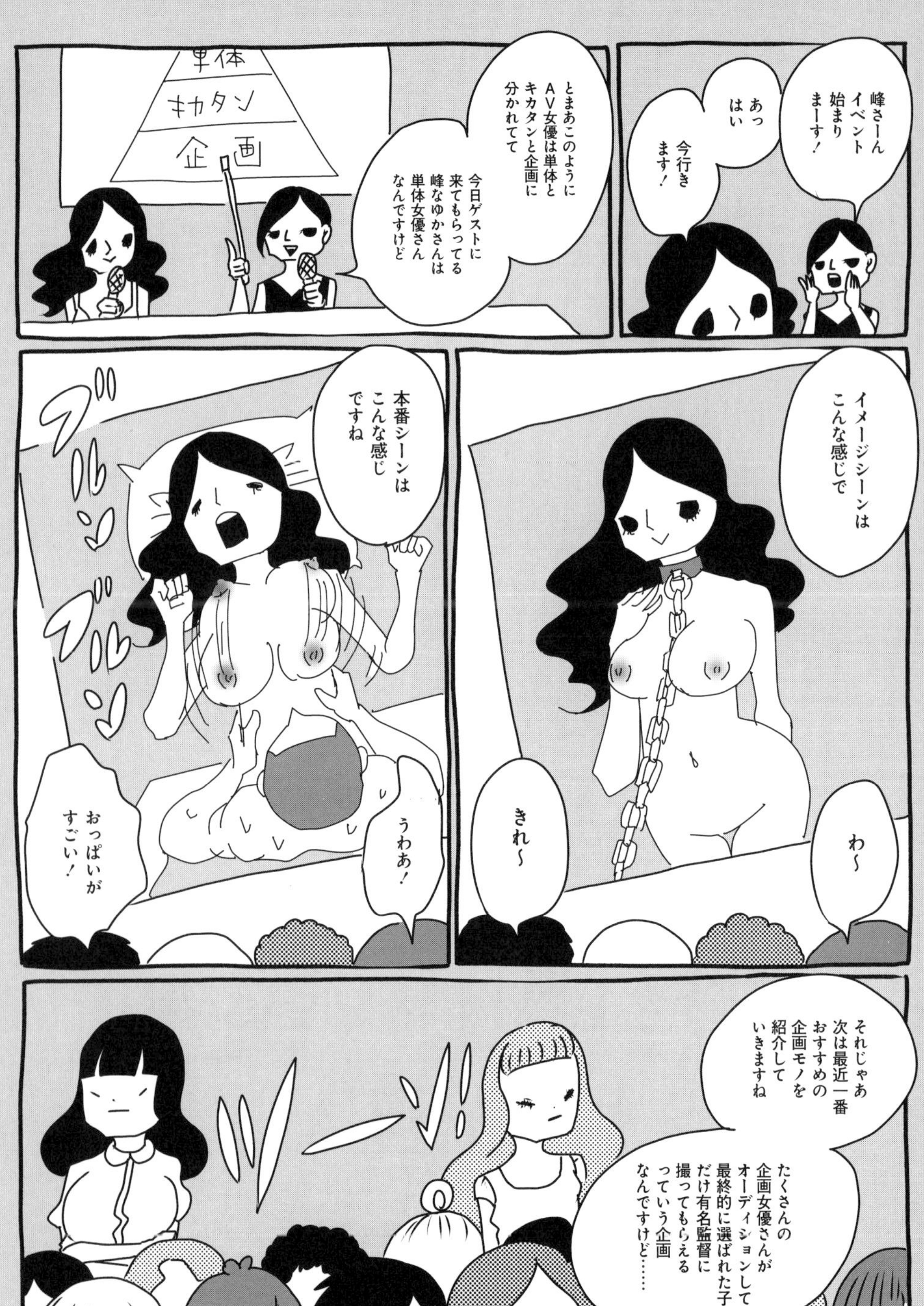
峰さーん
イベント
始まり
まーす！
あっ
はい
今行き
ます！
単体
キカタン
企画
とまあこのように
AV女優は単体と
キカタンと企画に
分かれてて
今日ゲストに
来てもらってる
峰なゆかさんは
単体女優さん
なんですけど
イメージシーンは
こんな感じで
わ～
きれ～
本番シーンは
こんな感じ
ですね
ブルンブルン
うわあ！
おっぱいが
すごい！
それじゃあ
次は最近一番
おすすめの
企画モノを
紹介して
いきますね
たくさんの
企画女優さんが
オーディションして
最終的に選ばれた子
だけ有名監督に
撮ってもらえる
っていう企画
なんですけど……

エントリーナンバー1番結城萌です
この子すっごい可愛いですよね!?
企画女優さんでも可愛い子いるんですよ〜
わぁっ
かわいい！

エントリーナンバー2番未城あおいです
この子はまあ……
企画って感じですね

エントリーナンバー3番月野かれんです
まあ企画なんでこういう子もいるんですよね
ぷ……
クスクス……

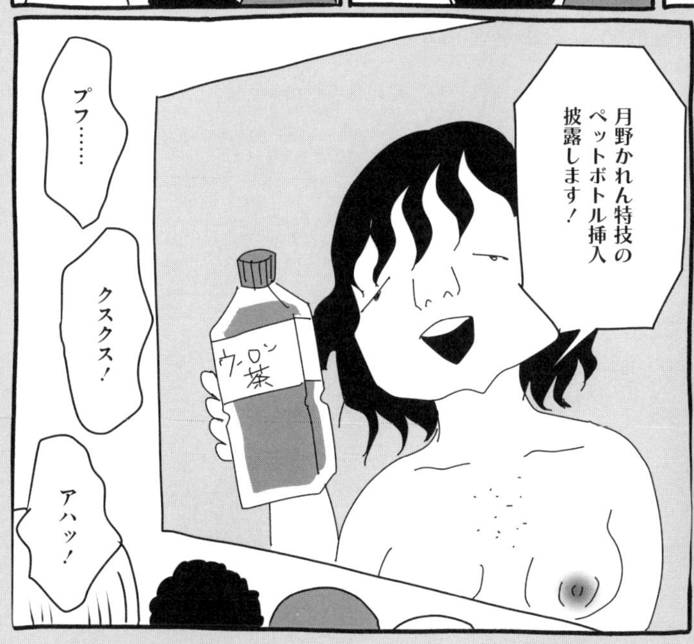

入んない
じゃん
いつもは
入るんです!
烏龍茶じゃ
なくて
ファンタの
ボトルなら……
ハァ
ハァ
ハァ

えいっ!
てぃやっ!
ふぬうう
ううんッ!!
ファンタ
アハハハハハハ!!

は?
なんで
笑うの?

企画女優って
やっぱり
こういう扱い
なんだ……

ガタンッ
わ……
笑うなよ!!

脱いでる女を
笑うな!!
がんばって
仕事してる
だけだろ!!
大体お前らは
自分の顔鏡で
見たこと
あんのか？
それでその顔で
セックスとか
してるわけ？
爆笑
だな!!
Vol.
93
女たちの聖戦

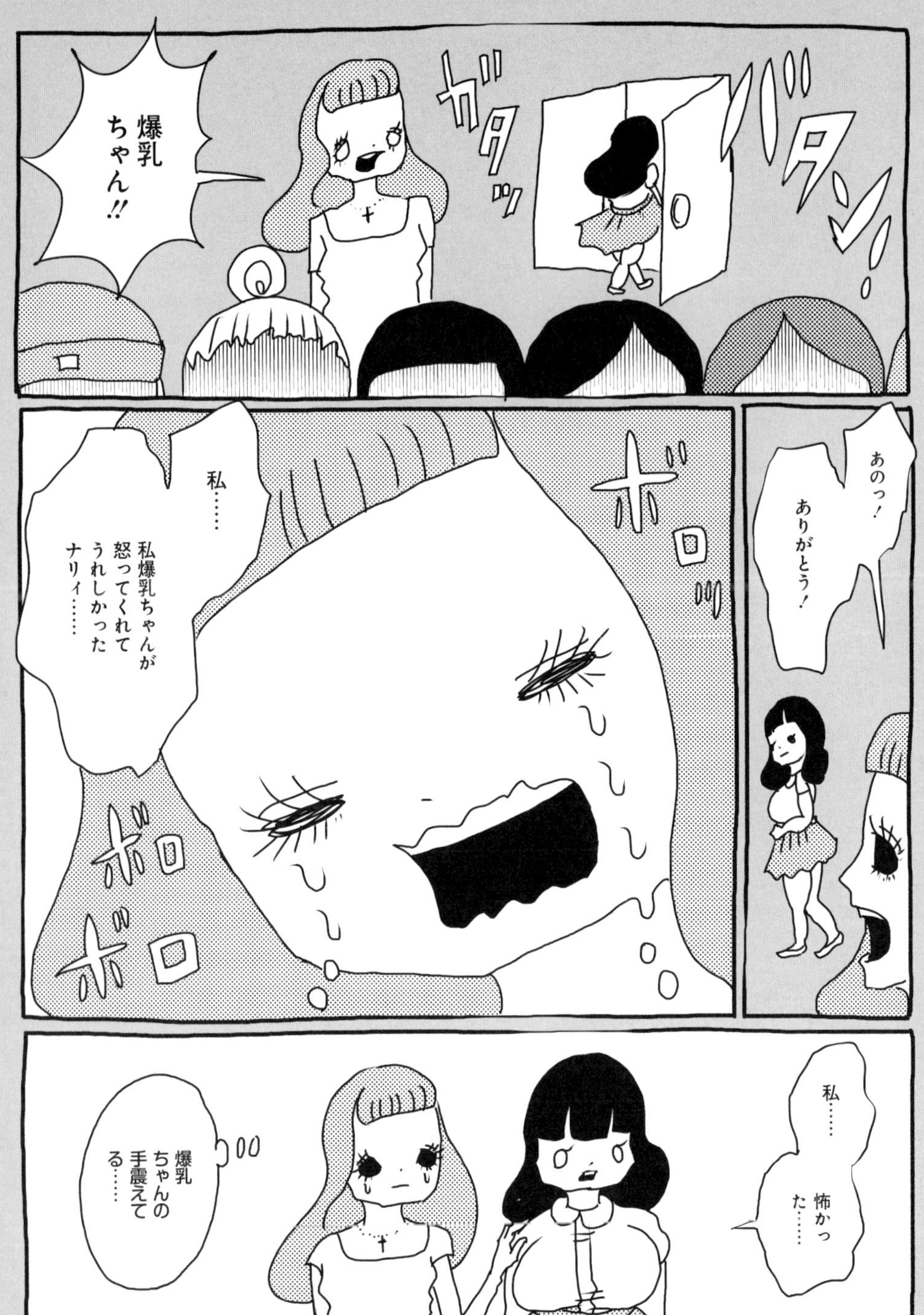
バタン!!
ガタッ
爆乳ちゃん!!
あのっ!ありがとう!
ボロッ
私……
私爆乳ちゃんが怒ってくれてうれしかったナリィ……
ボロボロ
ボロ
私……怖かった……
爆乳ちゃんの手震えてる……

白ギャルちゃん……
爆乳ちゃん……
ムレッ

その後イベントは暗い空気のまま終了した
これはSODっていうメーカーなんですけど
全裸バスケとか全裸和太鼓とかの面白シリーズが人気で～
……
シーン…
全裸バレー
負けたらおしおきFUCK

峰さんお疲れさまでーす
この後打ち上げでも……
すみません別件あるんで

お待たせ～
待ったナリ～
お疲れさまです！

ごめんね
変なイベントになっちゃって
別に峰さんのせいじゃないですよ
そういえば最近の彼氏との話聞かせてほしいナリ
彼氏？
なゆゆは彼氏ともう半年付き合ってるのにセックスしてないナリよ
ちょっと！
白ギャルちゃんも人のセックス事情笑ってんじゃん！
でも半年も付き合ってキスすらしてないって本当ですか？
実はゲイとかなんじゃないナリか？
ふふふ……
それが違うんだ
私たちはついに同棲を始めた！
え⁉
いきなり⁉

ヨシオくん
眠そうだね
僕実家が
千葉にあるんで
通学に片道
1時間半かかる
んですよ……
ただでさえ
課題する
時間足りない
のに……
えっ
じゃあさあ
私の家
いっしょに
住んじゃわ
ない!?
ナイスアイディア──!
学校まで
自転車で
5分だよ！
え……
昼夜問わずの
なゆかさんからの
性的アプローチ
学校まで
5分……
しかも
うちには
ね……
裁断台も
ロックミシンも
バキューム
アイロンも
あるんだよ……
高くて場所とるヤツ
く……っ

……同棲させていただきます!!
握手ッ
その握手は記念すべき2度目のヨシオくんからの能動的な肉体的接触だった！
ジーーン…
でもベッドはシングルベッドだからちょっと狭いけど……
大丈夫です！
僕寝袋持ってきましたんで！
え!?同棲してるのにセックスをしていない!?
インポだったりとか？
寝袋の上から朝勃ちしてるのは確認した！
も～絶対変ナリよそれ～
とか言いつつ世間的に見れば変な関係を築いていた

Vol. 94
一番の友達
ガチャッ
ガチャ
ガチャ
も～
あっくん
また鍵かけ
忘れてる
ナリよ～
何か
言った?
シャワー
借りてた
ヒョコ
あっくんのせいで
電気代も水道代も
高くなってるナリ!
いい加減
出てく
ナリよ～
あんな精子
臭い寮戻り
たくねーよ
?
もう一人暮らし
できるくらいは
稼いでるナリ
よね?
ドルガバのこれと
マックイーンの
これ買ったら
金無くなった
アホ
ナリね～

は～
今日ババアの枕しなきゃいけないんだよなぁ
キシシ！
私には枕しないナリか？
いやお前はそういうのと違うじゃん
ジーン！
なんであのババアまんこ洗ってんのに臭いの？
閉経してるからゴム無しでしてとか言うし
そんでその後はまたヘルプ卓で一気飲みさせられるのか……
白ギャルちゃんからの売り上げガタ落ちしたから最近先輩の態度厳しくてさぁ
ごめんナリ……
でも私企画女優としてがんばってくことにしたからまたエースとして返り咲くまで待ってるナリ！

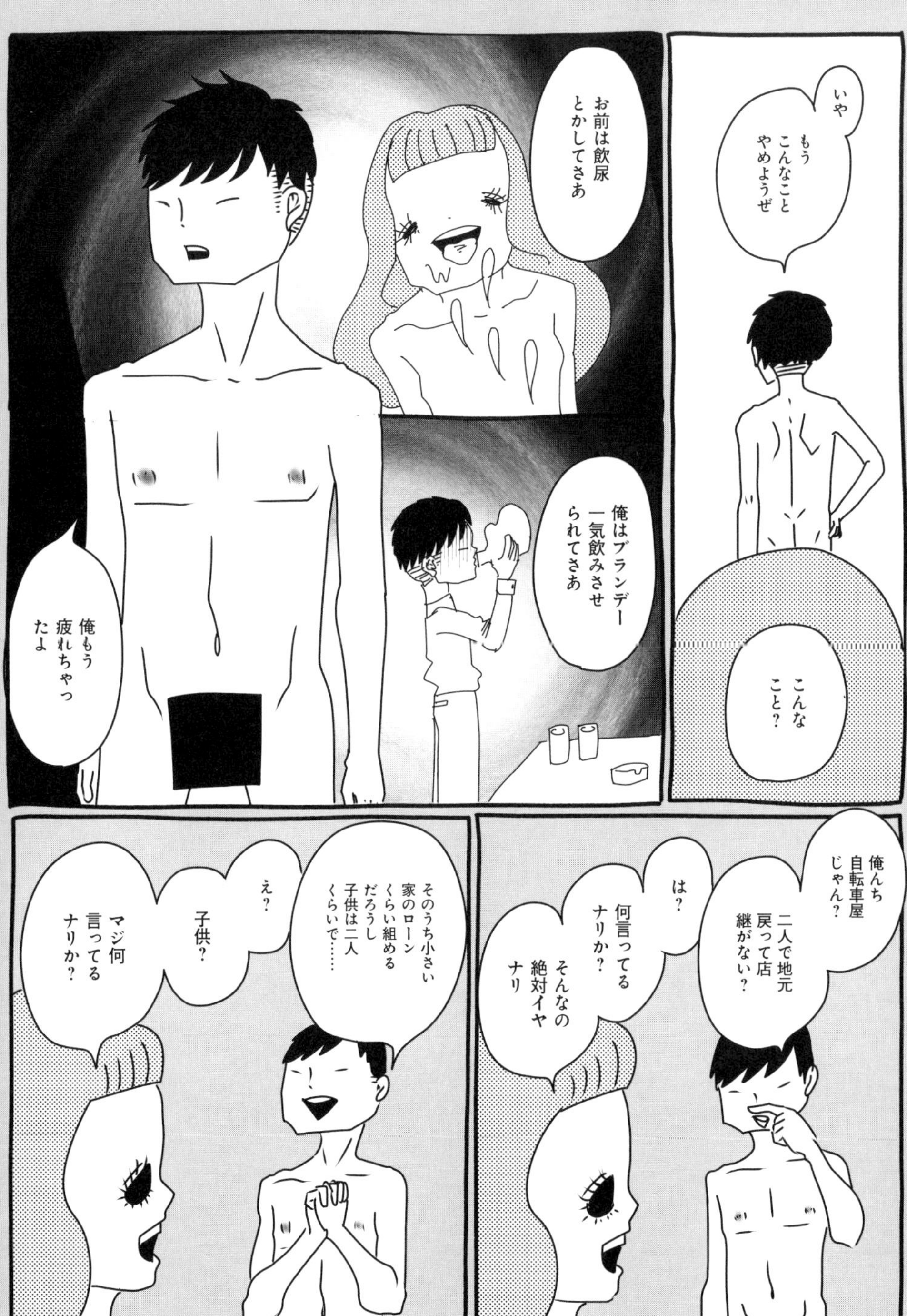
いや
もう
こんなこと
やめようぜ
お前は飲尿
とかしてさぁ
俺はブランデー
一気飲みさせ
られてさぁ
俺もう
疲れちゃっ
たよ
こんな
こと？
俺んち
自転車屋
じゃん？
二人で地元
戻って店
継がない？
は？
何言ってる
ナリか？
そんなの
絶対イヤ
ナリ
そのうち小さい
家のローン
くらい組める
だろうし
子供は二人
くらいで……
え？
子供？
マジ何
言ってる
ナリか？

もうお互い
意地張るの
やめようぜ
ほら～
そうやって
すぐ意地
はっ……
ゲボッ!!
おまっ……
今何し……
今すぐ
出てく
ナリ!
ガチギレ

男なら
殴られたら
殴り返す
ナリよ!!
男だから女に
手あげるわけ
ねえじゃん
イイテ…
うえっ
うえっ
うえっ!!
ドスドス
ドス
あっくんが
出ていかない
なら私が出て
くナリ!!

って言っても
どこに行く
ナリか……

プルル…
白ギャル
ちゃん？
うん！
全然
大丈夫
だよ！
泊まりに
きてー
家は初台
のねー

ガチャ
いらっ
しゃーい！
あれ？
もしかして
白ギャルちゃん
泣いてる？

私の子供のころから
一番仲良かった
友達が今日友達じゃ
なくなっちゃっ
たナリィ……

ぎゅっ
大丈夫！
私が白ギャル
ちゃんの一番の
友達になるよ

一年に一度
開催される
その名も
「男優会」
歓迎
足立区
青年会様御一行
日本
男優会様御一行
Vol.
95
ハイパー賢者タイム
日本中の
トップ男優が
一堂に会する
地獄の会合である
マッチョ男優
さんの飲んでる
サプリ教えて
くださいよ〜
ちんこポンプ
って本当に
効果あんの？
あります
って!!
2か月
続けたら
3ミリ
大きく
なったん
ですよ！
妄想だけで
誰が一番
早くフル
勃起できる
か勝負だ！
イケ男！
俺のちんぽ
酒を飲め!!
ちょっと
マジ勘弁
してくだ
さいよ
俺男とか
マジ無理
なんで……
ちゅぽ
ぽ……

お前はちょっと顔がいいからって調子こきやがって……
ちんぽが好きになれないと本物の男優になれないぞ！
そうだそうだ！
それならならなくていいです!!
俺もう帰ります！
実際顔がいいから得じてることもある
お兄さんいま何してるんですかぁ〜？
オッ
逆ナン♡
いま帰るとこですか？
さわ
さわ
さわ
うわぁ！
何してんの!?
もう甘勃ちしてるぅ〜♡
ハァ
ハァ
ハァ
ホテル行きませんかぁ？
え？
いきなりいいの？

じゅるるる
じゅるぽっるる
じゅるぽっ
う……
めちゃくちゃフェラ上手い……

俺にも触らせて♡
う……
うん♡

乳首すごい小さくて可愛いね～
めっちゃシリコン入ってんな……

じゃあこっちのほうも……
やだぁ♡
恥ずかしぃ♡

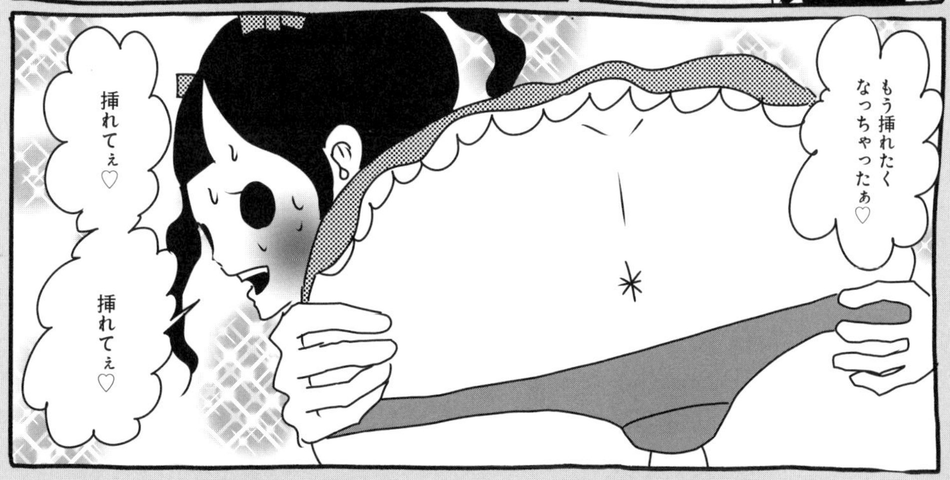
もう挿れたくなっちゃったぁ♡
挿れてぇ♡
挿れてぇ♡

え……
でもこっちはアナルじゃ……
こっちの穴がいいのぉ♡
胸のシリコン
ガボイーン
服を全部脱がない
よくよく聞けば違和感のある声
挿れてぇ♡
この時さすがにイケ男君も気づいた!!
ズルッ
ていやっ!!

ぽろぅん

やっぱ男かよ〜!!

アナルセックスしたことあるぅ？
アナルはアナルで男も女も変わんないよぉ？
こんなにちんぽギンギンにしたまま帰っちゃうのぉ？
シコ
シコ
う……

くそっ!!
ズブゥ
ああんっ♡

ニューハーフちゃん調べによると挿入直前まで来て男だとバレた場合
そのまま挿入してしまうノンケ男が約八割だという

ハイパー賢者タイム
は〜 気持ちよかった〜
男としちゃった……
お兄さんウリとかやってるのぉ？
ウリはやってないけど……
なんで？
なんか動きがプロっぽかったから
え!? お兄さんAV男優やってるのぉ!?
まあ一応……
へへ……
事務所紹介してくれない!?
というわけでうちに所属することになったニューハーフちゃんだ！
よろしくお願いしまぁす♡

Vol. 96
今日も私可愛い
子供の頃から
低身長で華奢で

中高一貫
男子校通ってて

実家が陽根信仰の
神社をやってて
ただいまー

同級生に
虐められる
素養は役満
だった
お前んち
ちんぽ神社
なんだろ?

母ちゃんが地元の恥っつってたぜ！
おちんぽ様～!!
祓いたまえ清めたまえ～！
痛ッ!!
痛い!!

姉1
また虐められたの？
姉2
かわいいからしょうがないか
姉3
マキロン塗ってバンドエイド貼ろ～
姉4
ついでにまた女の子ごっこしよ～!!

わあ♡
かわいい♡
……
このワンピも似合うんじゃない？
……
靴下履くときでもちゃんとペディキュア塗るのが女の子だよっ
パンツも貸してあげる～
それはヤダ!!
え？お前なんでそんな格好してんの？
ブハッ
マジで女みたいじゃん!!
うん……
マジで女みたいだよな……

プハッ
ゲッホ！
おえっ！
うーわ
フェラって
マジで気持ち
いいんだな
お前らも
やってみろよ
ヤダよ
そいつ男じゃん
お……
俺は試しに
ちょっと
やってみ
よっかな
うっわ
これマジで
すぐイキそう
つーか
イク
え……
じゃあ俺も
ちょっと
だけ……
俺ももう
一回！
殴られる
よりかは
全然マシだ

バキューム
しながら……
裏筋のここん
とこが気持ち
いいんだよな
たまに
カリ裏も
攻めて……
ひゃあっ
イキそう!!
ていうか正直
いえばコレ
ちょっと
楽しいん
だよな
イクッ♡
え？
お前も噂
聞いて
きたの？
でも男
なんだろ？
でも
めっちゃ
気持ちいい
らしいし
それに
見た目も
なんか
女っぽい
って……
入って
いいよー
はい
一回
千円ね♡
1
2
3

最初は別に男なのに
女だと思われるのイヤだったんだけど
それなら女になっちゃえばいいんだと気付いた

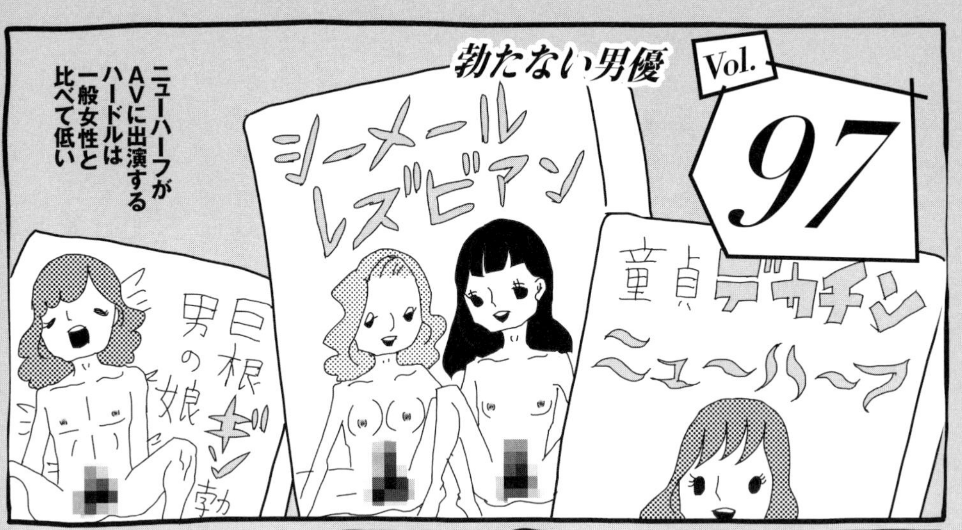

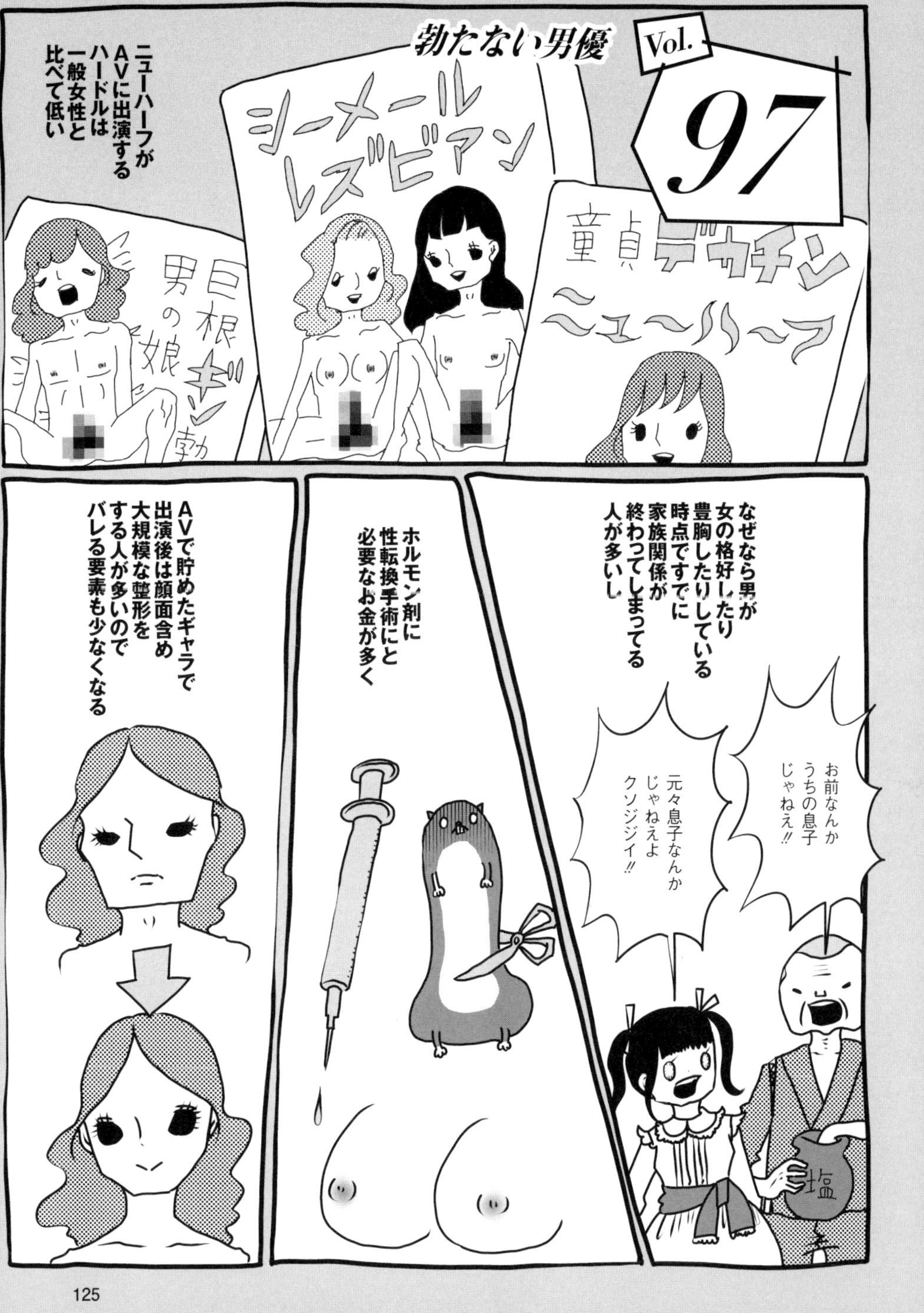

なぜなら男が女の格好したり豊胸したりしている時点ですでに家族関係が終わってしまってる人が多いし

お前なんかうちの息子じゃねえ!!

元々息子なんかじゃねえよクソジジイ!!

塩

ホルモン剤に性転換手術にと必要なお金が多く

AVで貯めたギャラで出演後は顔面含め大規模な整形をする人が多いのでバレる要素も少なくなる

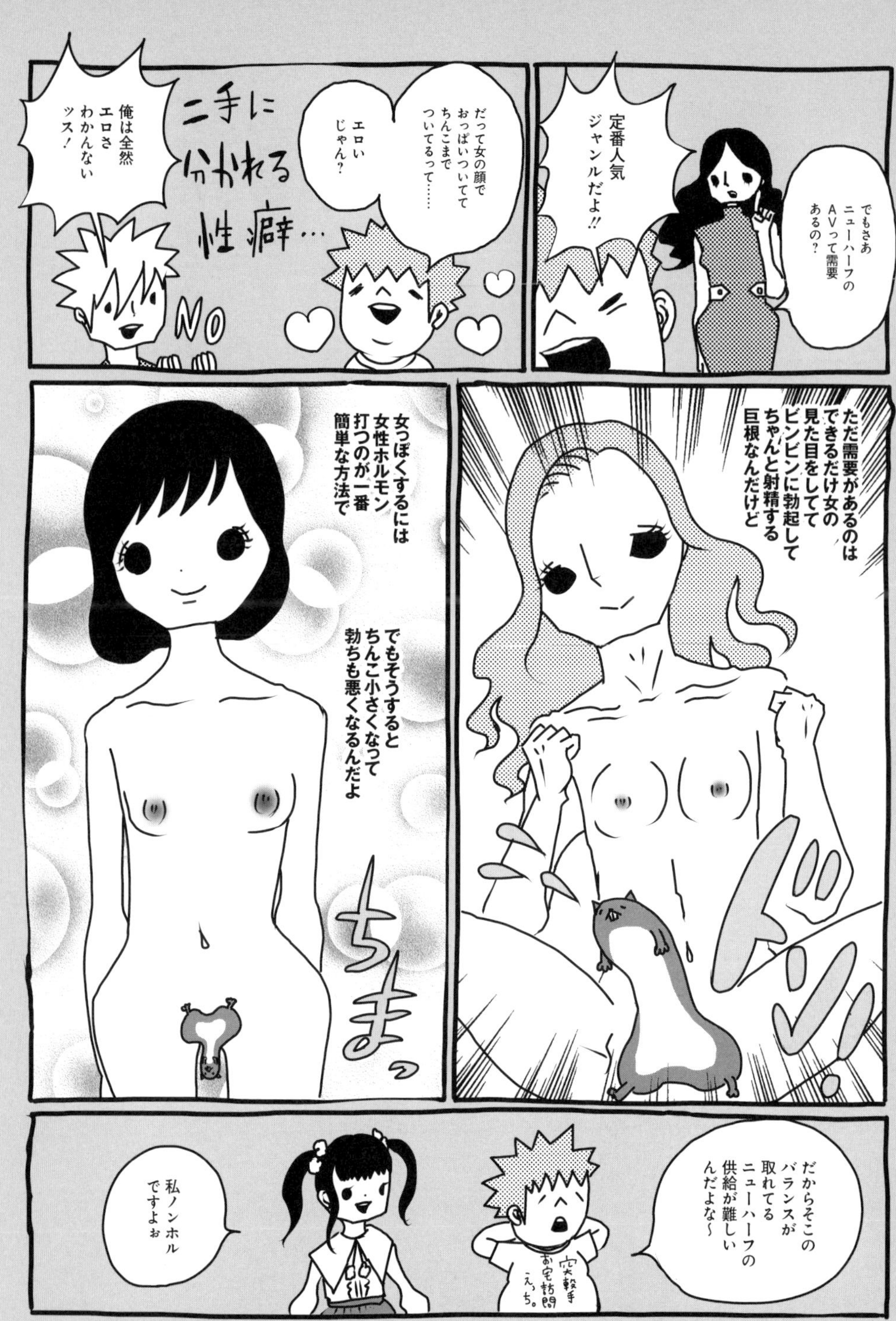
でもさあ ニューハーフの AVって需要 あるの？
定番人気 ジャンルだよ!!
だって女の顔で おっぱいついてて ちんこまで ついてるって……
エロい じゃん？
二手に 分かれる 性癖…
俺は全然 エロさ わかんない ッス！
NO
ただ需要があるのは できるだけ女の 見た目をしてて ビンビンに勃起して ちゃんと射精する 巨根なんだけど
ドンッ
女っぽくするには 女性ホルモン 打つのが一番 簡単な方法で
でもそうすると ちんこ小さくなって 勃ちも悪くなるんだよ
ちまっ
だからそこの バランスが 取れてる ニューハーフの 供給が難しい んだよな〜
実較手 お宅訪問 えっち。
私ノンホル ですよぉ

え!?
女性ホルモン打ってないの!?
タチも好きなんでちんこあるうちは勃起力なくしたくなくてぇ♡
ズルッ
ノンホルでこの顔……
ちょっとちんこ見せて!
ボロン♪
デカッ!!
これはイケる……!!
お宅訪問えっち。
実際ニューハーフちゃんは直後から大活躍だった
ニューハーフジャンル第一位
ケツまんこ好き男の娘
巨根!
大量射精
大型新人ニューハーフちゃん
いま売れてます!
これなら思ったより早くまんこ作るお金貯まるかもぉ～♡

でも金玉を
切り取って
皮を膣の
代わりにする
方法だと

どうしても
膣が短くなっちゃ
うんだよねぇ

陰茎
会陰部
皮膚
翻転法

CUT

S字結腸切り取って
膣にする方法なら
長さは十分なん
だけど

どうしても
しばらくは
うんこ臭い
らしくてさぁ

S字
結腸
法

CUT

どっちに
しようか
迷っちゃう
なぁ～♡

一方イケ男君
はというと

す……
すみません

勃ち待ち
お願いします……

またぁ～？

すみません！
急ぎます！

シコ
シコ
シコ

私お手伝いとか
しないんで
よろしく
お願いします

お前最近
いっつも
勃たない
よなぁ
シコ
シコ
シコ
シコ
どんどん
ひどくなって
いってないか?
もうスタジオの
延長料金払う
予算はないから
俺が代わる!
さっきまでと
全然絵面違い
ますけど……
パン
パン
あん♡
あん♡
誰もAVで
男の脚なんて
見てねえから
問題ない!
イクッ!!
ピュピュ…
声だけ
出演

イケ男くんは
最近アレ
だもんな！
普通の女じゃ
勃たなく
なっちゃったん
だもんな～
ちょ……っ
やめて
くださいよ！
どういう
ことですか？
これナイショ
だけどイケ男くん
ニューハーフ
ちゃんと
結局付き合って
るんだよ
マジすか
違う……
違うんだ……
俺は相手が
男じゃないと
勃たないわけ
じゃないんだ!!
相手が
ニューハーフ
ちゃんでも
勃たないんだ……!!
じゅるるる
じゅる
ぽっ
ん～？
今日もダメ
かなぁ？
じゃあ私が
挿れてあげ
るねぇ♡
ドンッ
ヌプ
あ……♡

AV男優と
AV女優の恋は
禁忌とされているが
一度恋に落ちたら
止められないもので……
Vol. 98
ズレてしまった二人

家泊まりに
行っても
いーい？

クレンジング
とか置いても
いーい？
極潤

もう一緒に
住んじゃお
うよぉ〜♡

ハイ♡
イケ男くん用の
筋肉ご飯も
作ったよぉ♡
・赤身肉ステーキ
・ブロッコリーと
鳥胸肉のサラダ
・プロテイン✓
ニューハーフ
ちゃん……
俺のため
に……
青じそ
ドレッシング
ZAVAS

そして愛情が増すほど
相手の仕事への
嫉妬心が深まってくる
だって
好きなん
だもぉん♡
俺も♡

初期
イケ男くん明日も現場なんだぁ
ちょっと嫉妬しちゃうなぁ
かわいいな～
中期
もうさー仕事辞めちゃえばぁ？
私のギャラだけで二人で生活できるしぃ
いやそれはちょっと申し訳ないし……
後期
現場行かないで！
行ったってどうせ勃たないんでしょぉ？
そういうこと言うのやめろよ!!
俺はAV男優なんだ!!
スクワットもしてるしサプリも漢方も飲んでるし
酒もタバコもやらないしイメトレだって欠かさない!!
今日こそ勃たせてみせる!!
すみません……
勃ち待ちお願いします……
もうイケ男くんダメだな

目に見えて仕事が減ってきた……
スケジュール帳
オナニーですら射精できない……
ペロペロ
心なしかちんこも小さくなってきた気がする……
今日は久しぶりの熟女さんからの指名の仕事!!
これで勃たなかったら俺の男優生命はもう終わりだ!!
絶対に勃起させるぞ!
バイアグラ錠
50mg
100錠入り
だって現場行ってまんこ舐めるんでしょ!?
私にはないまんこを!!
それで私にはないまんこに挿れようとするんでしょ!?
行っちゃヤダァ!!
止めるなよ!
ズズズ…

お前もう
まんこ何個でも
作れるくらいの
カネあるだろ!!
そうじゃなくて
私はイケ男くん
との将来の
ためを思って……
でも手術しないのは
お前もAV辞めて
今の生活変えたく
ないからなんだろ?
元男でちんこが
ない人造まんこの
女のAVなんて
需要ないもんな!
う……
俺にだって
男優としての
矜持がある!!
離せ!!
ギャッ!
あ……
ちょっ
とぉ!
超痛かった
んだけどぉ!
む…
胸……
胸?

シリコンがズレてる！
イケ男くんのせいでおっぱいズレちゃったよぉ～
病院連れてってよぉ～
ズレたシリコンを直そうとしながら行かないでと懇願する女!!
普通の男なら放っておけない光景だが!!
コネコネ
俺は現場に行く！
なぜなら俺は男優だから！
……ハア
じゃあ行けばいいよ
行ってもどうせ勃たないんだし
今日こそはバイアグラ何錠飲んででも勃たせてみせる!!
無理無理

イケ男くんが毎日食べてる鳥胸肉とブロッコリーのサラダにかけてるドレッシングに
私ずっと女性ホルモン混ぜてたから
ちゅるるるる
え……？
3か月は子供作んないほうがいいよぉ？
子供に障害できるらしいしぃ
え？
じゃあ俺がずっと勃起しなかったのって……
私のせいだよぉ♡
それじゃあねぇ
バタン
その後ニューハーフちゃんはAVを引退してタイで手術して戸籍上も女になり一般人男性と結婚したそうだ
上司さんとこ二人目生まれたんだって
ウチもそろそろ……かな？
う〜ん♡
私はまだ二人だけの生活楽しみたいかなぁ♡

これが恋
Vol.
99
そして3か月後……
完全回復!!
クソッ
変なもんずっと飲ませやがって!!
ボスッ
青じそドレッシング
本当に治ったの?
お前すげえ女と付き合ってたんだな
ん? 男か?
もう恋愛はしばらくしたくないです……

いろいろ事情があったにせよまだ一対一でやらせるのは不安だから乱交からな！
はい！なんでもやります!!
ウチ乱交得意やでぇ
乱交と言えばウチや
あっ黒ギャルちゃん初めまして
よろしくやで～
へ～
ここ意外と初対面だったんだ
なるべくパートナー入れ替えて乱れた感じだして
潮吹く時はカメラの前に移動して～
はーい
あんっ♡
私も混ぜて～
ああっ
潮吹きそう！
せっ せっ
よーしよしいい感じ……
ん？
奥であの二人だけでずっとハメてないか？

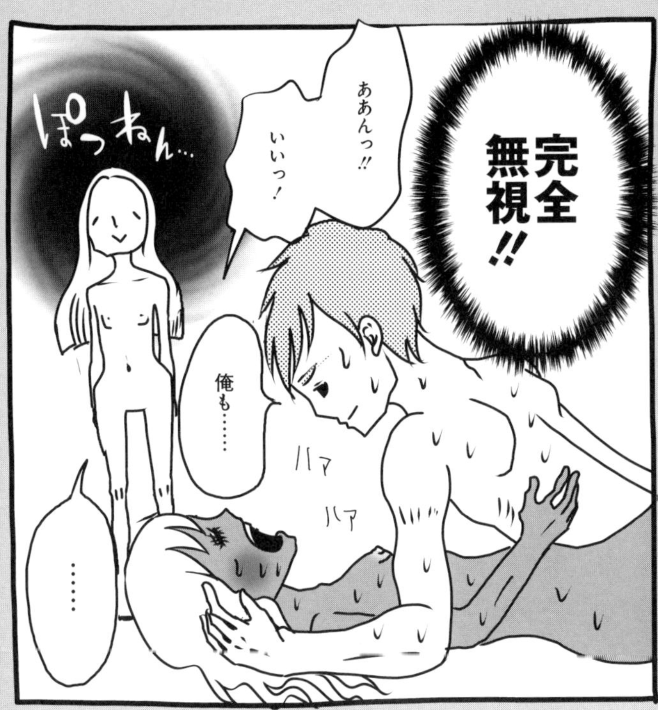
完全無視!!
ああんっ!!
いいっ!
俺も……
ハァ
ハァ
ぽつねん…
……

おっ
痴女さんが混じりに行った!
うふふ……
私にもおちんぽちょうだい……♡
せっ
せっ

AV男優とAV女優の恋は禁忌とされているが恋に落ちたら止められないもので……

ああっ
黒ギャルちゃんの中すっげえ気持ちいい……
イケ男くんのおちんぽ好きや!
好っきゃねん!
二人だけの世界…

一旦カット！
メンバー交代ね！
黒ギャルちゃんはマッチョ男優くんとこ行って
痴女さんはイケ男くんとして!!
はーり
ブー
ブー
2分後
ウチにもイケ男くんのおちんぽくれや……
ムッ
黒ギャルちゃんとだとすぐイッちゃいそうになる……
やっぱイケ男くんのおちんぽがいっちゃんや！
なんでだろう……
黒ギャルもガリガリも関西弁の女も別に全然タイプじゃないのになぜか惹かれてしまう……
再び二人だけの世界…
こんなに胸が昂るのはおとん以来……
ううんおとんへの感情とは全然別の何か……

これが恋……!!
ウチ彼氏できるの初めてや!
またまた〜
彼氏とって普通どんなことするんやろ?
著作権ネズミランドとか行っちゃう⁉
行きたい!
不忍池でボートとか乗っちゃう⁉
乗りたい!
足疲れたんじゃない?
カフェでも入る?
……ウチ磯丸水産のほうがええな〜
俺も本当はそう思ってた!!
KAN PAI!
ウチら本当に気ぃ合うねんな!

それに覚醒剤
やめたら
前よりさらに
かわいく
なったね！
フフッ
イケ男君が
毎日家の中
必死で捜索して
トイレのフタのうら
タンポンの箱の中
多い日用
まとめ髪の中
トイレに流して
くれたから
やめられたんやで
ウチなぁ
セックスって
お金もらわんと
無駄な行為やと
思っとったんや
AVも最近
ゲイビデオ
ばっかり出演
してくれてるの
ウチが他の
AV女優に
嫉妬せえへんで
済むように
なんやろ？
ギクゥッ
でもイケ男くん
には全然そんなこと
思わへんっていうか
お金払ってでも
ヤリたい思うねん
黒ギャルちゃん
かわいいこと
言うなあ……♡

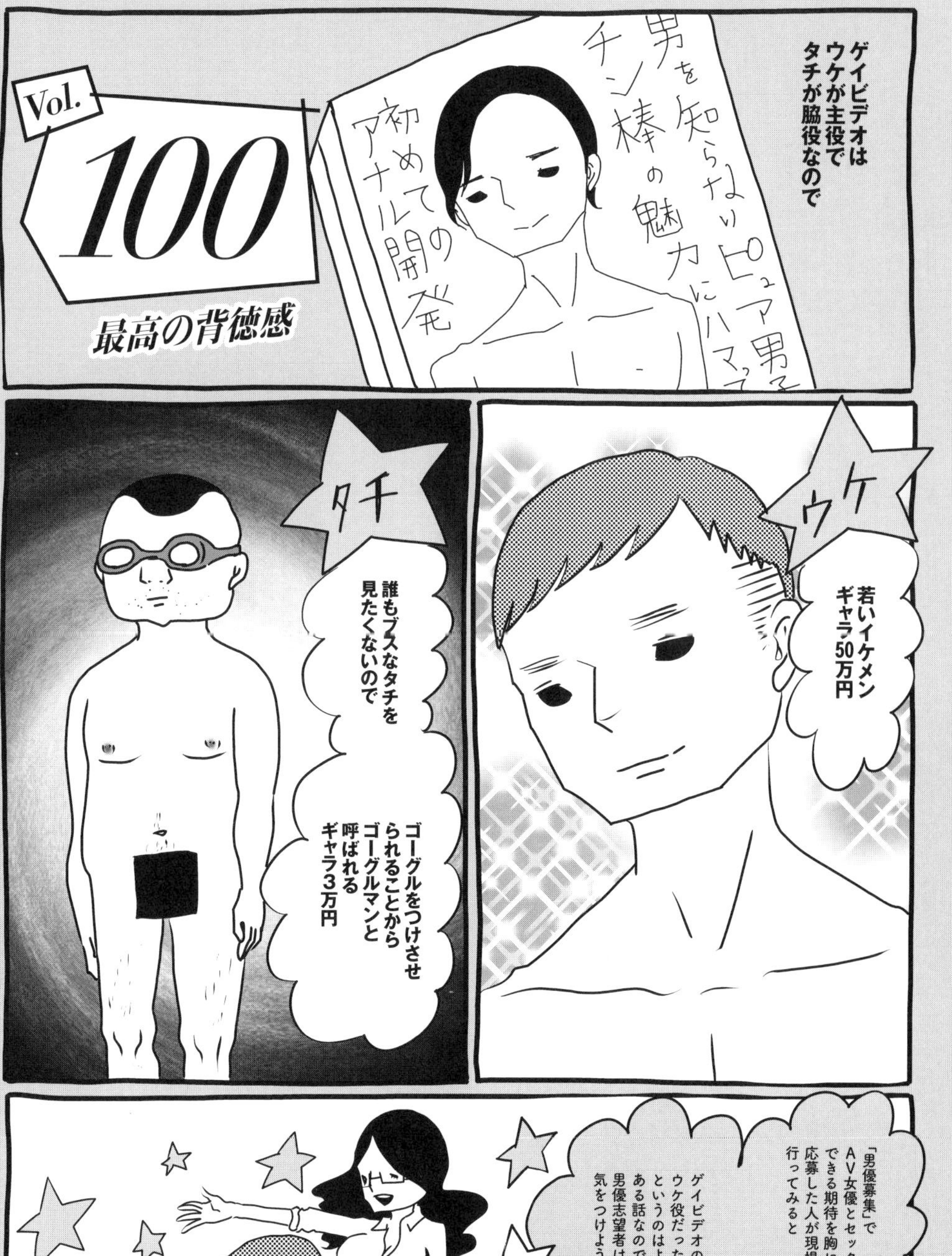

Vol. 100
最高の背徳感

ゲイビデオはウケが主役でタチが脇役なので

男を知らないピュア男子
チン棒の魅力にハマって
初めてのアナル開発

ウケ

若いイケメン
ギャラ50万円

タチ

誰もブスなタチを見たくないので

ゴーグルをつけさせられることからゴーグルマンと呼ばれるギャラ3万円

あ　白ギャルちゃん
ペこり
おはようございます！
今日はよろしくお願いします！
白ギャルちゃんちょっと前まで単体だったのに
すぐ契約切れてキカタンになって
今はもうこんな地味な仕事する企画になっちゃったのか～
まあAV女優はサイクル早いからな
黒ギャルちゃんは知らないようだがゲイビデオでは大体まず最初にウケが企画女優と適当なセックスをするシーンから始まる
パンパン
あんあん
ゲイはみんなノンケのウケが男に目覚めていく姿が好きなのよね
だからまずはウケが女に勃起するノンケの男だってことをこのシーンで印象付けるのよ
え……？
僕男の人はちょっと……
やめ……
あ……きもちいい……♡
イグウウウウ!!

この時の女はなるべくそこらへんにいそうな
モブ顔の子がいいから白ギャルちゃんそのメイク落としてくれない？
はい！
あん
あん
いいわぁ♡
その機械的な喘ぎ声！
本番の男同士でのセックスがさらに引き立つッ!!
おはようございます！
え……
マッチョ男優さんがなんでこの現場に？
俺が今日のゴーグルマンだからだよ
え!?ゴーグルマンやってるんですか!?
なんで!?
いやぁ……
男優やってるとこんなんとかこんなんとかとアナルセックスする機会があんじゃん？
ワクワク
デブ
ババァ

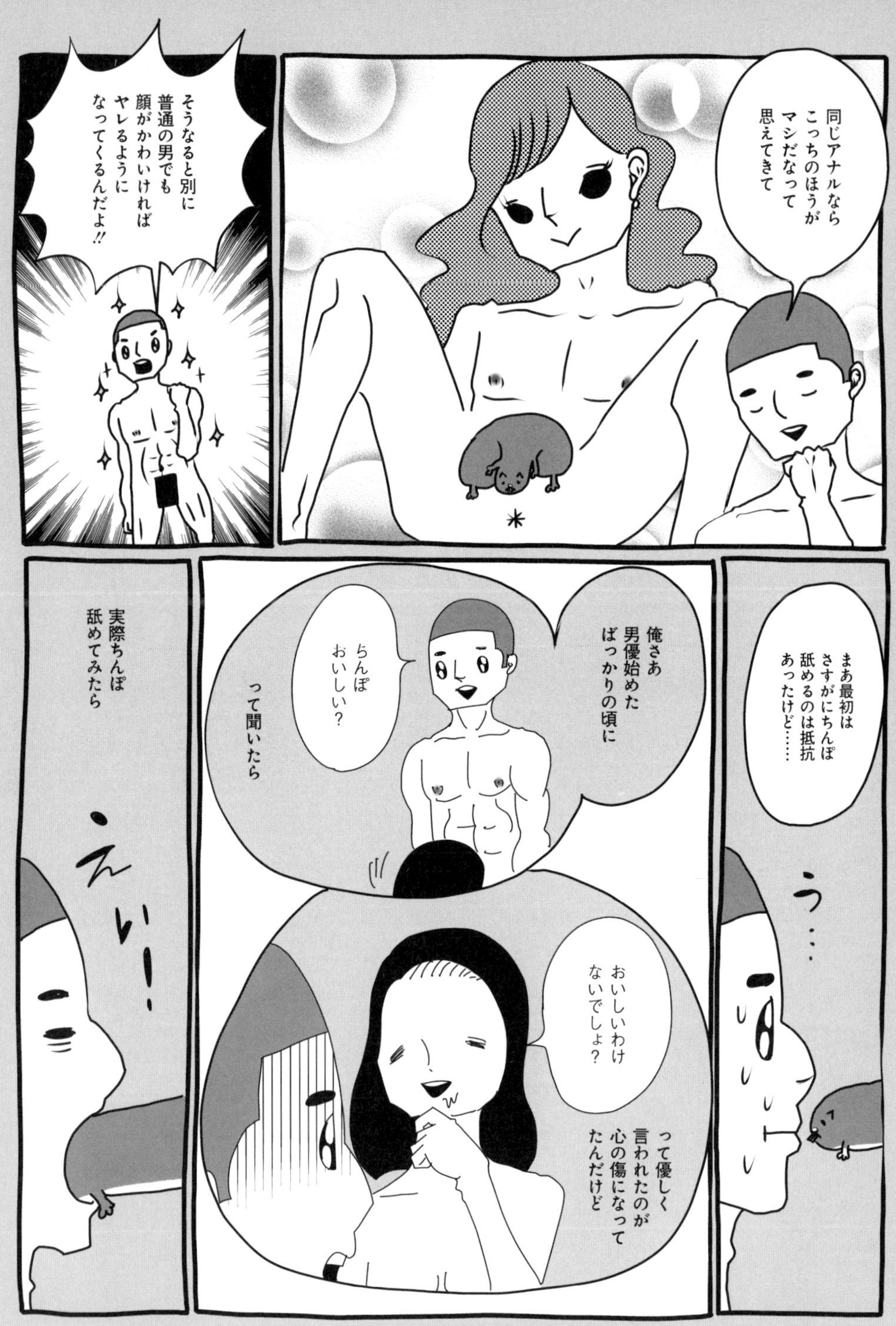

同じアナルなら
こっちのほうが
マシだなって
思えてきて
そうなると別に
普通の男でも
顔がかわいければ
ヤレるように
なってくるんだよ!!
まあ最初は
さすがにちんぽ
舐めるのは抵抗
あったけど……
う…
俺さあ
男優始めた
ばっかりの頃に
ちんぽ
おいしい?
って聞いたら
おいしいわけ
ないでしょ?
って優しく
言われたのが
心の傷になって
たんだけど
実際ちんぽ
舐めてみたら
えい!

ちんぽおいしいじゃん!!

ってなっちゃって
ほらクリトリスよりちんこのほうが舐め甲斐があるっつーかハマっちゃって……
スチャッ

お前もニューハーフちゃん経てちんぽ挿入されるのハマっちゃったんだろ?
う……

やっぱディルドじゃ物足りなくてケツまんこに生ちんぽ欲しくなっちゃうんだろ?
ハァ
ハァ
そ……
それは……
ちょっと!
それカメラ回ってる時にやってくんない?

っつっても
相手は昔からの
知り合いとなると
ちょっと
気まずいな……
はい
カメラ回し
まーす！
ああ〜!!
男優仲間に
アナル掘られる
背徳感最高〜!!
あっ
あっ
そこぉ！
イッちゃ
うッ♡
雌イキ
しゅるぅッ♡
うっとり…
いい絵が
撮れたわぁ♡
お前のアナル
めっちゃ締まり
よかったよ☆
黒ギャルちゃんと
姉弟になって
しまった……
内緒に
しとこ

Vol. 101
AVとはおさらばや
ウチ
イケ男くんのお嫁さんになりたい♡
でも黒ギャルちゃんの事務所なかなか辞めさせてくれないことで有名だよね？
せやねんけど……
ALBA ROSA
お父さんの葬式の日も現場行かされたって聞いたよ？
おとんの話なんかせんといてや！
ALBA ROSA
確かにカンジタになっても
覚醒剤でガリガリんなっても
普通に現場行かされたけど……
ガリ♡デブ
かってない3P
Eカップとあばら骨どっちがお好み？

でもどうしたって辞めなアカン方法ウチ知っとんで
ハァ ハァ
黒ギャルちゃんはイケ男君と中出ししましまくった!!
出すよ!?
中に出すよ!?
ピルなし中出ししてえや!
見てみいや!
陽性!
妊婦をAVに出すわけにいかんやろ
おお……
おめでとう……
は?
まだ契約残ってるからね?
え?

待ちぃや!
お腹に赤ちゃんがおるんやで!!
お腹に赤ちゃんが……
イヤーーーッ!!
俺だって別に好きでこんなことしてるわけじゃないんだよなぁ
イヤッ!
やめぇや!!
ただ妊娠したら辞められる実績作っちゃうとシメシつかないし
一旦心痛めちゃうとこの仕事続けられなくなっちゃうし
ガタン
ゴトン

お父さん
お帰り
なさーい！
ただいまー
トテテ…
ってまだ
起きてた
のかよ
早く寝ないと
大きくなれ
ないぞ？
小さくて
いいもーん！
あ！
お父さん
またその服
着てくれて
るんだ！
お前が俺の誕生日
プレゼントに
選んでくれたん
だから着ないわけ
にいかねーだろ
クマァ…

妊娠3か月
黒ギャルお仕置き
集団レ○プ!!!
妊娠6か月
ぽっちゃり黒ギャル
無限∞
潮吹き
妊娠9か月
引退作!!
デカ黒
乳輪臨月
ギャル妊婦
ガチ中出し

生後1週間目
ホニャ〜
フニャ〜
よーしよし
オムツかな？
あっ！
ババ
しよる！
みんなウチの子
見にきてくれて
ありがとな！
ほな
さいなら
それじゃあ
ウチはもう
AVとは
おさらばや

汚れてしまった悲しみに
Vol.
102
でね
私初めて赤ちゃん抱っこしたんだけど赤ちゃんってぐにゃぐにゃしてるんだね！

黒ギャルちゃんもちゃんとお母さん業してるみたい！
楽しんでこられたようで何よりです

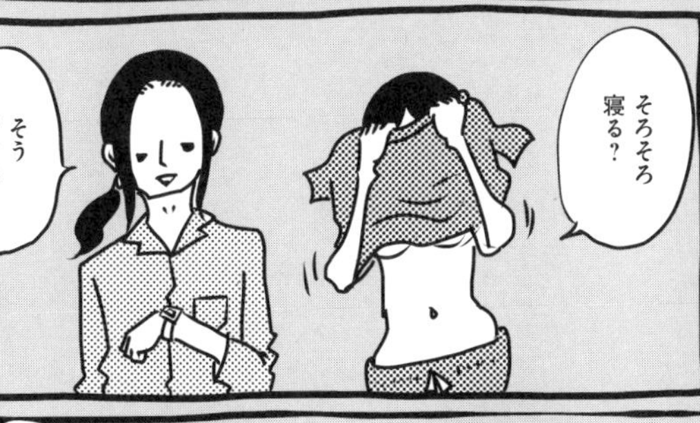
そろそろ寝る？
そうですね

それじゃあおやすみぃ
おやすみなさいませ

同棲を始めて一年
もはやセックスへの期待などはなく私たちは清い生活を続けていた

おはようございます
ん〜
眠い
コーヒー飲みますか？
豆から挽くタイプ →
ゴリゴリ
飲む〜
今日は仕事もないし真面目に課題作成でもするかぁ
ハァ
ヨシオくんの持ってる糸の色見本借りてもいい？
本棚に入ってますよ
あったあった
シャッペスパン
糸色見本帳
ん？
なんかこの本だけカバーが裏返しになってるな
直しといてあげよう
ぺら・・・・

なんだこれは!?
カーマスートラの歴史
カーマスートラの
ああっ
それは……!!
なんでこんなもん持ってんの？
?
カーマスートラ
それは……
あの……
僕あまりその……
だら
だら
こういったことに不案内なもので本を読んで勉強しようと……
え!?
ヨシオくん私とセックスするの前向きに考えてくれてるってこと!?

それでセックスの勉強をするためにカーマスートラの歴史を……!?
そ……
そうですね……
アハハハハハ!!
アーハハハハハハハハ!!
カァ
ちょ……
そんな笑わなくてもいいじゃないですか！
僕だってがんばって……
だってカーマスートラって……
ヒィヒィ
ハタッ
これは……

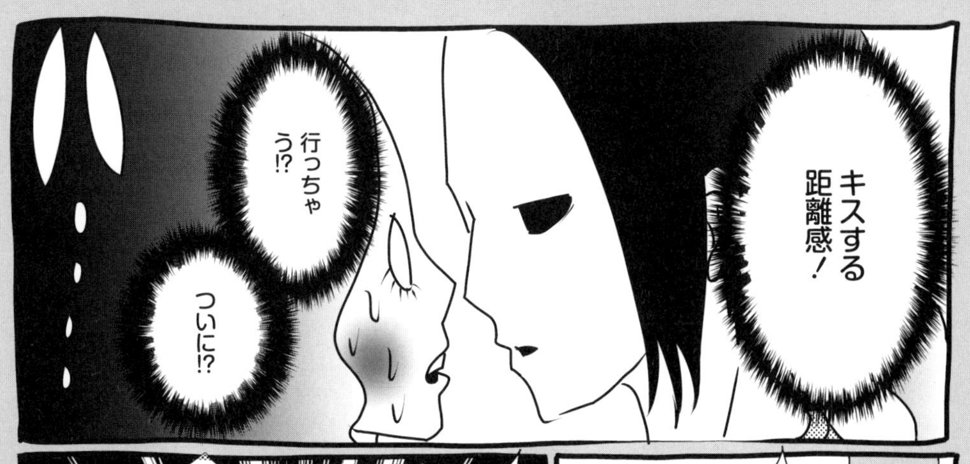
キスする距離感！
行っちゃう!?
ついに!?

三日前
口に出すぞ！
口に出してぇ♡

ちょっと待って！
ドンッ
え……
あっやっぱ僕何か間違えたことしました!?

ううん
違うの
じゃあなんで……

ペペ
私が……
汚いから……

to be continued......

特別対談
峰なゆか × 吉田 豪

目の前のエグい現実を淡々と描くだけで、価値判断は読んだ人それぞれに委ねたい

取材・文／アケミン　撮影／加藤 岳

峰なゆか

マンガ家。女性の恋愛・セックスについての価値観を冷静かつ的確に分析した作風が共感を呼ぶ。『アラサーちゃん』（KADOKAWA）、『アラサーちゃん　無修正』（全7巻）シリーズは累計70万部を超えるベストセラーとなった

×

吉田 豪

プロ書評家、プロインタビュアー、ライター。ベストセラー『聞き出す力』シリーズ第3弾『帰ってきた聞き出す力』（ホーム社）が発売中。ニコ生『豪さんのチャンネル』
https://ch.nicovideo.jp/go-san

ときに善悪二元論では語り尽くせないAV業界に生きる人々の本音と生きざまを描いた本作。第4巻では、それぞれのキャラクターのかかえた背景から、社会問題になったAV出演強要問題にまで話は及んでいる。今回の対談のお相手は、プロインタビュアーの吉田豪。かねてからイベントや対談などで交流のある二人が語る「AV業界のリアル」とは。

峰　吉田さんとは、今までもトークイベントなどで何度かご一緒しましたよね。

吉田　こうして顔を合わせるのは10年ぶりぐらいですが、峰さんのマンガはずっと読んでいました。『AV女優ちゃん』もよくある「AV業界おもしろ話」かと思えば、実はかなりエグい話まで業界の

リアルが描かれている。毎週、読んでて「こわすぎる!」と心の叫びが出るレベルでしたね。

峰 ありがとうございます! 私もAV業界の現実を淡々と描くことをずっと意識しているので、それを理解してもらえてすごく嬉しいです。

吉田 4巻までで、各キャラクターがAV出演に至るまでの経緯や過去が明らかになるじゃないですか。なかでも黒ギャルちゃんと実父との話はかなりエグくて喰らいました。

峰 近親相姦って実はAV女優さんからは〃よくある話〃として聞くんです。みんな、あっけらかんと話すんですよ。「初体験はお父さんで~あはっ!」みたいな。

吉田 そうするしかないんでしょうね、自分の心を守るためには。これは全編を通じて言えることですが、峰さんも「AV業界の闇を告発します!」というようなテンションでもなく、業界を肯定するでもなく、ただただしんどい現実をありのままに提示して「さぁあなたはどう考えますか?」と読者に最終的な判断を委ねている。これもまたこのマンガの素晴らしさだと思ってます。

4巻では実父から性的虐待を受けていた黒ギャルちゃんの過去が明らかになる

峰 うれしい! これは『アラサーちゃん』を描いているときからですが、「ツッコミを入れない」ことを心がけているんです。とりあえず自分は目の前の現実を描いて、読んだ人にそれぞれ心の中でツッコミを入れてもらうというか。

吉田 ボク自身も常日頃、すぐに価値判断を下したくないと考えてるんですよ。だから「Twitterでも普段は単に誰かの投稿をリツイートするだけ。わざわざコメントを添えて「ほら悪い人だよ! みんな叩いて!」ということはしたくない。安易に答えを出すのが嫌なんですよね。世の中、極端な善悪二元論で割り切れる話ばかりじゃないし。

峰 吉田さんのRTと私の漫画が同じスタンスなんて、思いもしませんでした。

吉田 読む人が自分で考えるって大事ですよね。あと4巻で「すごいところに踏み込んだな」と思ったのが、AVライターの女性が出てくるシーンですね。

峰 女性限定のAV鑑賞イベントのくだりですね。

吉田 一般女性がAVに出演している女

常日頃、すぐに価値判断を下したくないと考えています

GO YOSHIDA

性を笑いものにする構図は、まさにツッコミ不在だから描けた話。しかも見る人が見たら、このライターさんのモデルが誰かすぐにわかるという（笑）。

峰　あの回は、雨宮まみさんファンの人からも「もっと雨宮さんの出番はないのか」という声もありましたね（笑）。実際にイベントで笑いが起きたときは、司会を務めていた雨宮さんはかなり戸惑っていたんですよ。だからといって「笑わないでください！」と諌めるわけにもいかず、なんとか話をズラそうと頑張っていた。そしてそんな会場の雰囲気に怒りを覚えて、ドアをバタンと閉めて出ていった人がいたんです。その人とはその後縁があって今でも友人なんですけど。

吉田　それも含めて、かなりのレベルでリアルが混ざっているんですね。

峰　私、雨宮さんは大好きだけど、AV業界に携わっている女性って、女優に対してはなんとなく上から目線で、嫌な感じの人もいたんですよ。高円寺あたりの飲み屋で「私、AVには出てないけど、ちょっとエッチな仕事をしてま～す☆」とネタにしている、みたいな（笑）。

「AV＝悪」じゃない　それでも描く不都合な現実

吉田　現実のエグい部分も淡々と描いているからこそ、ときに「AV業界批判だ」と受け止める人もいるのでは？

峰　そうなんですよね。私としては業界を批判してるつもりは、まったくないんですよ。「AV＝悪」とは思わないし、むしろ「AVのモザイクっていらなくない？」とすら考えています（笑）。

吉田　今のAV業界は、峰さんがこのマンガで描いている時代よりはマシになっているかもしれないけど、「当時のリアル」であることは変わりないですもんね。

峰　吉田さんはアイドルだけでなく、AV女優さんともよくお仕事をされていますよね。

吉田　昔から人として興味のあるAV女優さんとはインタビューやイベントでご一緒しますね。最近だと澁谷果歩さんは、すごく客観的にAV業界を見ていて「信頼できるな」と思いました。ただAV業界そのものとは、一線を置いていますね。

峰　なぜですか？

吉田　今は変わってきたと言われていますが、昔はガラが良くない人もいたし、ここでは詳しく言えませんが、かなり複雑かつヘヴィな背景を持っている子でも「エッチが好きでAVに出ました！」と謳うようなノリがこわくて、「ちょっと無理」と感じてしまったこともあったんですよね。

峰　アイドルとAV女優の世界は、やはり違うものですか？

吉田　まずファン層は明らかに違いますよね。AV女優のイベントは、コアなファンが多い（笑）。もちろんアイドルの世界でも、精神のバランスを崩してしまう子は結構いましたね。

峰　アイドルってAV女優みたいに肉体的はキツくなさそうなのに。

吉田　肉体的な負担というよりメンタルが削られていますね。アイドルになるために親の反対を押し切って上京したものの、事務所がブラックで給料ももらえず、信頼できる人が誰もいない環境でファンに相談したら「繋がり」とみなされ解雇されてしまった、とか。

吉田さんのRTと私のマンガは同じスタンスなんですね（笑）

NAYUKA MINE

峰　吉田さんが仕事したアイドルでAVデビューした子もいましたか？

吉田　地下アイドル時代に一緒に仕事をした子が、いつの間にかAVデビューしたのをツイッターで知る……なんてこともザラです。以前、エゴサしていたら『有名プロインタビュアーも驚愕？』という明らかにボクに便乗したキャッチコピーをつけた作品まであった（笑）。

峰　すごい！

吉田　直接的な接点はなかったものの、過去に仕事をしたことのあるグループのメンバーでした。調べたら、その子はタバコを吸って事務所を解雇され、学校も退学になったらしくて。さらに親との折り合いも悪く、逃げ場がなくなって処女のまま風俗を始めて、そこからAVデビューしたみたいです。

峰　なかなかハードですね。

吉田　良くも悪くもAVがセーフティネット的役割を果たしてしまうこともありますよね。これは別の話ですが、アイドル時代に接点があった女の子が風俗を始めたので、ボクも「いずれファンにもバレ

一般女性がイベントでAV女優を見下して笑いものにするという生々しいシーン

るだろうから、バレるとマズいのであれば辞めたほうがいい」と言ったんです。するとその子からは「私はこれまで何をやってもダメだったのに、ここ（風俗）で初めて一番になれたんです！」と言われてしまった。そうなるともうこちらも何も言えませんよね。

峰　AVの世界でもありますよね。女優さんが「AV業界で初めて自分の居場所を見つけた」「AV女優になって初めて人から認めてもらえた！」と話すのも珍しくないし、それを事務所込みで演出することもあるじゃないですか。

吉田　まさに。数年前からAV出演強要が社会問題になりましたが、強要ってあきらかな強迫行為や暴行でなく、周囲がふわっと追い込んでいくことも少なくないですよね。以前、とある芸能人が「AVデビュー作には莫大な制作費がかけられていると言われていたし、撮影現場にもスタッフが大勢いて、逃げられなかった」と話していました。

峰　当人も「これって強要かな？」とハッキリとわからないこともありますよね。気づいたら逃げ場がなくなっていく。

吉田　このへんの議論って本当にいつも両極端ですよね。「今はこんなにクリーンな業界だから、出演強要なんかありません！」と頑なに言う側と、「AV業界そのものを潰すべきだ！」と主張する側とに二分されている。AV業界にもいいところも悪いところもあって、悪いところをなくせばいいってだけの話だと思ってるんですけど。

峰　事務所が「クリーンです！」と主張するなら百歩譲ってわかりますが、現役のAV女優さんたちまで「強要はない！」と言い切りますよね。

吉田　「私は見たことがない」ならわかるけど、なぜ「ない！」と断言できるのか（笑）。ボクは長年、タレント本を蒐集してるんですけど、その中にはAV女優さんの本も結構あるんです。とある有名女優さんの自伝エッセイには、「歌手になりたいのなら、AVを頑張ったらCD出させてあげるよ」という言葉に騙されてAVデビューをした過去が綴られていましたね。その人は最終的には腹をくくってAV女優として結果を残したので「今は幸せです」というオチだったけど、単にCDを出すだけなら自費でも出せるのに……。

峰　まだ19、20歳だとわからないですよ～。私が話を聞いたAV女優さんでも、「最初は流されたんですよ～！」と明るく語っている子もいました。

吉田　活字でもこれだけ証拠が残っているのになぜ周りの人が「ない」と言い切れるのか。もちろん自ら志願してAV女優になった人がいるのも事実なので「いろんな人がいる」のひと言に尽きるわけなんですけど。

峰　ちなみに吉田さん、AVって観るんですか？

吉田　観ないわけじゃないですよ、特にアイドルが絡んでいるものは、なるべくチェックするようにしています。でもやっぱり複雑な気持ちになることは多いですよね。特に仕事で知り合った人は、そういう目で見るのは難しい。

峰　AVというよりも、もはや資料的な見方になっちゃいますよね。

セックスを見られた私ははたして不幸なのか？

吉田　4巻では出演強要に遭ったと訴える爆乳ちゃんを支援する弁護士も登場しています。いわゆる人権派の弁護士も「絶対的な正義」としては描かれていないし、「うるさいフェミニスト」として描かれているわけでもない。ここでも賛同も批判もせず淡々と描いているところが絶妙ですよね。

峰　いわゆる「被害に遭った女性を守る！」といったフェミっぽいオチにはしたくないし、ＡＶ業界擁護にも反対にも描きたくなくて。原稿を描くにあたって結構いろいろな方に取材をしているんですが、「不本意な性行為の映像を世の中に見られることほど不幸なことなんてないでしょう？」と、すごく憐れむように言われたこともあって、それは衝撃的でした。「そうか、私はそんなに不幸だったのか、すみませんでした～」みたいな気分になっちゃった（笑）。私、ＡＶ女優時代を思い返すと今でも割と楽しい思い出が多いんですよね。ハードな現場も断ってきたし、ラクさせてもらったほうだと思うんです。もちろんそうじゃない人がいるのはわかるし、自分が今後ＡＶ女優時代のことをまた違った思いで捉え直すこともあるかもしれないですが。

かわいそうな人間と思われたくないがゆえに
「強要なんてない」と主張する女優たち

吉田　このマンガでも出演強要を訴えた爆乳ちゃんに対しては、周囲の反応もさまざまですよね。「不幸」と決めつける人権派弁護士がいる一方で、業界内では「全然イヤがってなかったじゃん」と爆乳ちゃんを批判する人もいる。

峰　爆乳ちゃんが不幸なのか、強要されたのか判断を下すのはいつも外野で、当の本人は置いてきぼりなんですよね。

吉田　最近ではＡＶ女優さん自身が希望すれば、自らの出演作の販売を停止・削除依頼することもできるようですが、峰さんもそういった手続きをしているんですか？

峰　まさに今（２０２２年12月時点）、削除依頼を出している最中なんです。でもこれが意外とめんどくさくて……。私が削除したいのは子どもが生まれたからなんですが、「理由がハッキリしていないからもっと詳しく教えてくれ」と言われているところです。削除するためになんでそんなに理由を細かく説明しなきゃいけないのかも謎ですが……。

吉田　うわ〜、それは大変ですね。

峰　私がAVに出演した経緯は1巻でも描いていますが、自分でも馬鹿だったな〜と思う部分もあるんです。同じお金を稼ぐにしてもパパ活をするとか、もっと世に残らない方法っていくらでもあるじゃないですか。

吉田　デジタルタトゥーが残らない稼ぎ方はありますよね。少し前にAVプロダクションに行ったとき、会議室に「AV出演契約はいつでも破棄できます！」みたいな冊子が置いてあったんです。2022年にはAV新法が施行されましたし、時代も変わったんだなあと思いましたね。

峰　AV新法では、撮影1か月前に契約を結ばないといけないし、直前で代役を立てたり差し替えをすることもできないんですよね。しかも撮影後4か月間は配信・発売ができないといった制限もあります。これに対してTwitterなどでAV業界関係者が「AV新法反対！」と声を上げているのは、よく目にしますよね。

吉田　ただこの法律って強要被害に遭った人を救うためのものだから現場の不満があるのは当然で、実際にAV新法で救われた人の話はまだ表に出てきてないですよね。これからなのかな？

峰　少し前にメーカーの人や監督さんに話を聞きに行ったら、「AV新法という新しいルールのなかで、いかに面白いものを作るのか」と知恵を絞っているという話もありました。業界内でも批判的な声ばかりじゃないようですね。

吉田　これもシンプルに「賛成か？反対か？」という話じゃないですよね。最近の世の中は常に「アナタはどっち派？」と意思表明を強いられる。そんな簡単に言えるものじゃないし、そういうのはTwitterじゃなくて、きちんと議論ができる場所で対話したいですよね。さっき話したように、ことAVに関しては、「徹底的に業界を潰せ！」という意見と「強要なんてない！」という意見とに二極化するからなおさらです。

峰　最近だとフェミニストの人からの反応も大きいですね。『AV女優ちゃん』のある部分を読んで「味方だ！」と絶

爆乳ちゃんを「出演強要だ」「不幸だ」とジャッジするのはいつも外側の人間

賛してくれる声があると思ったら、別の部分を見て「敵だ!」「裏切られた!」という反応があったり。

吉田　もちろんフェミニスト的な思想は入ってるだろうけど、峰さんの場合、目の前にあるものに対して淡々と事実を描いているから、フェミニストっぽい意見になることもあれば、そうじゃない描き方になることもあるんだと思います。後者の場合、人によっては「裏切られた!」と思うのかもしれないですね。

峰　そうですね。でも私は今後、「フェミニストです」と言っていこうと思うんですよ。「別に自分はフェミなわけじゃないけど」と前置きするスタンスはそろそろダサいなと思っていて。一般的なフェミニズムの倫理にはそぐわないこともあるかもしれないけれど、自分の考えるフェミニズムを貫いてマンガを描いていこうと思っています。

吉田　フェミニストだって一枚岩なわけがないんですよ。

峰　吉田さんはフェミニストですか?

吉田　そう言い切るほどの自信はないんですけど、それなりに本は読んでるし、ネット社会の「表現の自由を侵害するフェミは潰せ!」という反フェミ文化的な論調には「うわ〜」となっちゃう。どう考えたって、まだまだ男社会の世の中なんだから、フェミニズム的な考え方は必要だし、それを頭から批判することには違和感がありますよね。

峰　それにしてもなぜ吉田さんは、そんなにフラットなんですか?

吉田　僕個人のテーマが、フラットであることなんです。感情も思考も、すべてにおいてフラットでいたいんです。

峰　じゃあお酒も飲まない?

吉田　嗜む程度には飲みますが、記憶をなくすほど酔っ払わない。起きている出来事をすべて記憶していたいし、人の失敗も覚えておきたいから(笑)。

峰　それは昔からですか?

吉田　そうですね、怒りの感情が致命的に抜け落ちているんです。よく「吉田豪が怒ってる!」とかTwitterで書かれる度に「怒ってないのに〜」と思っていますよ(笑)。ボク、自己暗示しないと怒れないくらいなんですよ。喧嘩もまったく向いてないし、理不尽な出来事があっても自分でネタにして回収しちゃうし。

峰　あ〜、それは私も同じかもしれません。

吉田　特に中年になるとずっとTwitterで政治に対して怒ってる人もいるじゃないですか。政治をまったく気にしないで生きているのはヤバいけど、政治のことしか考えなくなってしまうのもヤバい。政治って生活の延長にあるものだから、生活がまったく抜け落ちてしまうのは危うい気がして、少なくともそうならないようには気をつけていますね。

峰　私もなにかあったら即、パンチできるような人になりたかったんですけど、なかなかすぐに怒れないものですよね。

吉田　一瞬で怒れる人って人生も楽しそうですよね。

峰　同感です。吉田さんはこれからもフラットに生きていくわけですね。

吉田　そうですね。これからも峰さんがエグい現実を淡々と描き続けてくれることを楽しみにしています!

AV 女優ちゃん 4

2023年2月10日　初版第１刷発行

著　　者　峰 なゆか
発 行 者　小池英彦
発 行 所　株式会社 扶桑社
〒105-8070　東京都港区芝浦1-1-1
電話　03-6368-8875（編集）
　　　03-6368-8891（郵便室）
www.fusosha.co.jp/

装　　丁　濱中幸子（濱中プロダクション）
印刷・製本　大日本印刷株式会社

ISBN 978-4-594-09403-4

初出
週刊ＳＰＡ！2022年2月1日号～2022年10月4日号

この作品は、著者がAV女優として活動していた2000年代のAV業界を描いた、半自伝的フィクションです。